多元文化视角下英汉翻译策略研究

王 怡 著

北京工业大学出版社

图书在版编目（CIP）数据

多元文化视角下英汉翻译策略研究 / 王怡著 . — 北京：北京工业大学出版社，2019.11（2021.5 重印）
ISBN 978-7-5639-6874-9

Ⅰ．①多… Ⅱ．①王… Ⅲ．①英语—翻译—研究 Ⅳ．① H315.9

中国版本图书馆 CIP 数据核字（2019）第 145807 号

多元文化视角下英汉翻译策略研究

著　　者：	王　怡
责任编辑：	张　娇
封面设计：	点墨轩阁
出版发行：	北京工业大学出版社
	（北京市朝阳区平乐园 100 号　邮编：100124）
	010-67391722（传真）　bgdcbs@sina.com
经销单位：	全国各地新华书店
承印单位：	三河市明华印务有限公司
开　　本：	710 毫米 ×1000 毫米　1/16
印　　张：	12.25
字　　数：	245 千字
版　　次：	2019 年 11 月第 1 版
印　　次：	2021 年 5 月第 2 次印刷
标准书号：	ISBN 978-7-5639-6874-9
定　　价：	48.00 元

版权所有　翻印必究

（如发现印装质量问题，请寄本社发行部调换 010-67391106）

前　言

随着中国改革开放的进一步深入，中国文化走向世界的步伐进一步加快，培养国家急需的高质量的翻译人才已成为高校目前最为重要和迫切的任务之一。今天的中国，更是面临企业走出去与文化对外传播的重要任务，这两大任务完成得如何意味着中国在国际经济和政治上话语权的大小。为此，教育部提出了关于提高本科教育质量和人才培养质量的要求。在这一特定历史条件下，培养社会急需的新型外语人才，特别是复合应用型外语人才，逐渐成为我们必须要面对和解决的问题。

过去人们在翻译教学中往往注重词、句和篇章译法的学习，而对翻译中文化内涵的处理显得重视不够；甚至有人认为，翻译就是词对词、句对句、篇章对篇章的文字转换，没有文化翻译这种提法。其实，文化翻译也不是什么标新立异或怪异的提法，只是该提法的侧重点有所不同而已。就像科技翻译是以表述科学技术概念、科学技术方法等的翻译为侧重点一样，文化翻译当然就是以翻译过程中英汉两种语言中所涉及的各自的特殊文化现象为侧重点。

翻译实际上就是一种译者依靠自己所获得的跨文化交际知识与能力向后来者传播这些知识和能力，在此过程中应该要注意源语与目的语各自的文化特色与差异，如民族的历史渊源、历史事件、历史故事、神话、传说、谚语等的文化背景、生活方式、思维模式、价值取向和生命哲学以及包含这些内容的各自习惯表达法等。不同文化背景有不同的语言习惯，而不同的语言习惯反映了不同的文化特征。语言差异本质上是文化的差异，正是这种差异使不同文化之间的语言交际出现困难。这些交际困难多半不是由于对外来语的词汇意义不理解，而是不理解这些词汇背后所包含的社会文化内涵，交际中最严重的错误，往往出自错误的文化假想。

本书在第一章中对文化与翻译进行了概述，并且分析了文化与翻译的关系；在第二章中对英语翻译的基本知识与相关因素进行了分析；在第三章中围绕多元文化下的语言差异进行了分析；在第四章中对多元文化视角下英汉翻译的原则与策略进行了阐述；在第五章中对多元文化视角下英汉词汇与句式翻译进行了阐述；在第六章中分析了多元文化视角下英汉语篇与修辞翻译；在第七章中分析了多元文化视角下的翻译理论与翻译方法；在第八章中分析了多元文化视角下不同文体的翻译。

本书共八章，约 20 万字，由重庆邮电大学外国语学院王怡撰写。为了确保研究内容的丰富性和多样性，在写作过程中参考了大量关于英汉翻译的理论与研究文献，在此向涉及的专家学者们表示衷心的感谢。

最后，由于作者水平有限，加之时间仓促，本书难免存在疏漏和不足之处，在此，恳请同行专家和读者朋友批评指正！

王怡

2019 年 1 月

目 录

第一章 绪 论 1
 第一节 文化概述 1
 第二节 翻译概述 11
 第三节 文化与翻译的关系 14

第二章 英语翻译的基本知识与相关因素 23
 第一节 英语翻译的基本知识 23
 第二节 英语翻译的相关因素 26

第三章 多元文化下的语言差异 37
 第一节 多元文化对语言的影响 37
 第二节 中西语言交际比较 50

第四章 多元文化视角下英汉翻译的原则与策略 63
 第一节 多元文化视角下英汉翻译的原则 63
 第二节 多元文化视角下英汉翻译的策略 65

第五章 多元文化视角下英汉词汇与句式翻译 75
 第一节 多元文化视角下英汉词汇翻译 75
 第二节 多元文化视角下英汉句式翻译 89

第六章 多元文化视角下英汉语篇与修辞翻译 101
 第一节 多元文化视角下英汉语篇翻译 101
 第二节 多元文化视角下英汉修辞翻译 112

第七章 多元文化视角下的翻译理论与翻译方法 127
 第一节 翻译中的文化因素与动态对等 127
 第二节 归化和异化 130
 第三节 创造性叛逆 140

第八章　多元文化视角下不同文体的翻译 …… 149
　　第一节　多元文化视角下对政策、法规的翻译 …… 149
　　第二节　多元文化视角下对商标的翻译 …… 153
　　第三节　多元文化视角下对影视的翻译 …… 162
　　第四节　多元文化视角下对商品说明书的翻译 …… 171
参考文献 …… 183

第一章 绪 论

随着经济全球化进程的不断加快,国与国之间的交流日益频繁,翻译作为交际的媒介和信息转换的手段,其重要性也日益凸显。事实上,自翻译活动诞生以来,人们对翻译的各种研究就没有停止过。本章将对文化与翻译进行概述并围绕文化与翻译的关系进行阐述。

第一节 文化概述

一、文化的定义

世界上的学者们对文化的概念有不同的看法,来自不同国家的学者从符号学、价值论、功能性和标准化等角度对文化进行了不同的定义。文化可以赋予我们判断力、道德意识以及自我反思的能力,从而使我们成为具有人性和理性的特殊生物。通过文化,人们识别价值并做出选择;通过文化,人们表达自己、了解自己,承认自己的缺陷,孜孜不倦地追求新的意义,创造成就,从而超越了自己的局限。文化可以被理解为每个人和每个社区的独特特征以及思考和组织生活的方式。文化是每个社会成员都知道的知识和价值观领域,尽管他们没有专门的研究。文化的含义非常广泛,人类社会创造的所有成就和人类生活的所有方面都可以归入文化范畴,目前这个定义已经被大多数人接受。

关于文化,还有另一个流行的说法,荷兰著名的跨文化管理学者霍夫斯泰德为了让人们更好地理解文化,将其分为许多的层次,如同洋葱一样。最外层被称为一种符号,如服装、语言、建筑等,可以用肉眼看到。第二层是英雄文化,在一种文化中,人们崇拜的英雄或多或少代表了这种文化中大多数人的性格。因此,理解英雄的性格,在很大程度上也可以理解英雄的民族性格。第三层是礼仪,这是在每种文化中表达人和自然的独特方式。例如,在中国文化里,重要场合吃饭时的位置安排很有讲究;日本人进门时要鞠躬脱鞋。最内层是价值观，指什么是好的、什么是坏的、什么是美丽的、什么是丑陋的，这些标准因文化而异。价值观是文化中最深刻和最困难的部分，也是文化的基石。不同的文化对世界和自然以及不同的价值观有不同的理解和观点，这将影响人们的思维方式和行为规范。这种说法使难以解释的文化现象变得更加容易，因为它强调了人的作用。

二、文化的种类

文化随着人类文明的出现和发展而存在，因此，随着人类社会的不断发展，文化发展的成果将会增加。许多学者根据对文化的不同定义选择了不同的分类方法，所以每个分类中使用的标准是否准确仍需要专家和学者进一步讨论。

（一）主文化、亚文化和反文化

1. 主文化

主文化是在社会中处于主导地位的正统文化，也可以称为主流文化。例如，在中国传统社会，儒家文化是那个时期占主导地位的主文化，统治者依靠儒家文化来统一人们的思想。在不同的历史时期，一个社会的主要文化也会随着时代的变化而不同。

2. 亚文化

亚文化是一种在社会中起次要作用的文化。在中国这个多民族国家，占人口大多数的汉族文化是主流文化，而其他55个少数民族的特色文化是所谓的亚文化。

3. 反文化

通常，除了一个社会中的主文化和亚文化，还有一种叫作反文化的文化。事实上，严格来说，反文化也是一种亚文化。反文化不是贬义词，当一个社会的主流文化已经变得畸形或衰落时，反文化的影响往往可以重振社会文化。就像当时的新文化运动一样，尽管它是一种反文化运动，但它的兴起和发展给当时被封建腐朽文化笼罩的中国带来了光明和希望。

（二）民族文化、区域文化和阶层文化

1. 民族文化

民族文化是世界上不同国家在各自的发展过程中创造的具有自己民族特色的文化类型。可以说，一个民族的文化是其生存和发展的重要标志，也是其历史传承的一个环节。

2. 区域文化

区域文化主要偏向于地理环境的特征,由于不同的自然条件和地理环境,不同地区形成的文化也会因明显的地域特征而不同,从而形成特定的地域文化。

3. 阶层文化

由于不同社会阶层的职业和社会分工不同,不同阶层的生活方式和文化活动也会因社会地位不同而产生不同,从而形成阶级文化。

(三)物质文化、制度文化和精神文化

将文化按照表现形式划分,还可以分为物质文化、制度文化以及精神文化,这种划分方式也是目前比较流行的"文化三分法"。

1. 物质文化

物质文化是文化的基础部分,它指的是人类在社会实践中物质生产活动及其产品的总和,以满足人类基本的生存需要为目标,为人类适应或者改造环境提供物质装备。物质文化可以直接对自然界进行利用与改造,并最终以物质实体反映出来。

2. 制度文化

制度文化指的是人类在社会实践的过程中所建立的各种规章制度、法规以及组织形式。人类高于动物的最根本原因就是人类在创造物质与财富的同时还创造了一个服务于自己并且又约束自己的社会环境,以及一系列能够调节内部关系、更有效地应对客观世界的组织手段。

3. 精神文化

精神文化指的是文化的意识形态,是人类认识主客观关系并进行自我完善的知识手段,包括哲学、道德、文学、艺术、伦理、习俗、价值观、宗教信仰等。精神文化是由人类在长期的社会实践活动和意识活动中孕育出来的,因此也称为"观念文化",它是文化的精神内核。

(四)知识文化与交际文化

从内涵与特点的方向出发,可以将文化划分为知识文化和交际文化。

1. 知识文化

知识文化指的是在文化交际的过程中不直接产生严重影响的文化知识,主要以物质表现形式呈现,如艺术品、文物古迹等。

2. 交际文化

交际文化主要是指在跨文化交际中有直接影响的文化信息。交际文化与知识文化相反，其主要以非物质的表现形式呈现。在交际文化中，生活方式以及社会习俗等这些易于察觉和把握的文化都属于外显交际文化；世界观、价值观、思维方式、民族个性特征等这些不易察觉和把握的文化属于内隐交际文化，它们虽然不易觉察和把握，但却更为重要。

（五）高层文化、深层文化和民间文化

将文化按照层次的高低来划分，可以将其分为高层文化、深层文化和民间文化。

1. 高层文化

高层文化也可称为"精英文化"，指的是相对高雅的文化内涵，如哲学、历史、文学、艺术等。

2. 深层文化

深层文化也可称为"背景文化"，指的是虽然不易察觉，但却起指导作用和决定作用的文化内涵，如价值观、世界观、态度情感、思维模式、心理结构等。可见，深层文化与前述所提及的内隐交际文化相当。

3. 民间文化

民间文化也可称为"通俗文化"，指的是那些与人们生活密切相关的文化内涵，如生活方式、风俗习惯、社交准则等。

（六）评比性文化与非评比性文化

根据不同民族文化的比较，还可将文化分为评比性文化与非评比性文化。

1. 评比性文化

评比性文化指的是具有明显优势以及高下之分的文化。所以，它也是一种比较容易鉴别价值的文化，人们对它的态度也较为明显。例如，和平文化就是一种优性文化，相反暴力文化就是一种劣性文化；先进科技是优性文化，违法犯罪则为劣性文化。

2. 非评比性文化

非评比性文化指的是没有明显的优劣或高下之分的文化，也就是中性文化。例如，中国人习惯使用筷子，西方人习惯使用刀叉，有人认为使用筷子有利于人脑的发展，而有人则认为刀叉更加方便快捷。这些观点并没有对错、优劣之分。

能够承认并且尊重非评比性文化，就意味着承认各民族之间的平等，尊重各民族之间的文化差异。

这些只是介绍的许多文化分类方法中的几个，不同的学者对文化分类有自己的看法和观点，不同的文化分类标准也不同。文化将随着人类文明的不断发展而前进，因此，随着文化内涵和内容的不断丰富，文化的分类也将成为各国学者一段时间内关注的焦点。

三、文化的结构

作为一个整体存在的"超个体"，文化的内在本体论是文化结构。文化结构是有机整体文化记忆关系的抽象，文化结构决定了文化的性质和功能。文化结构包括表层文化结构和深层文化结构，文化心理结构是最典型的心理反应。

当然，一个国家的整体文化或特定的文化特征有自己的等级结构。文化层面包括"三层次理论"和"四层次理论"。三层次理论认为文化是三层同心圆，表层是物质层，中间层是制度层，深层是心理层。一般来说，物质和有形的变化更容易，而无形和精神的变化更难。

四、文化的特点

（一）文化的人为性

文化也是一种人性化，它必须包含人类活动的痕迹，是一个与"自然"相关的概念。纯粹的自然物体和自然现象不属于文化，经过加工和改造的物质或精神产品包含着人类智慧的结晶，所以它们属于文化。雷电、山脉、河流、动物和植物原本不是文化的一部分，但是当面对太阳、月亮和星星的运行以及雷电的变化时，人们一方面感到恐惧和困惑，另一方面又激起了控制它们的欲望，这样它们就可以在人类想象中拥有人类的形象和特征，所以就有了关于太阳、月亮和星星以及雷电的神话，并形成了文化。山、河、花、树等不属于文化范畴，但是凭借高超的技能，人类可以在高山上雕刻和绘画，建造寺庙，从而成为文化。

属于某一族裔群体的人从婴儿开始学习该族裔群体的文化行为守则、交流方式和思维方式，直到所有文化被内化为他们自己的习惯。所谓潜意识学习是指在日常生活中无意识地学习的方式。所谓有意识学习是指在父母、教师等的指导下，有意识、主动地学习文化的方式。这两种学习必须经历互动、观察和模仿的过程。

（二）文化的符号性

文化并不是自然存在的，而是人类通过符号对其进行理解并传播的。每种文化都有其特定的符号系统，这就是在创造和使用各种符号过程中的思维与行为方式。人是一种"象征性动物"，象征性思维和象征性行为是人类最具代表性的特征。人类创造文化的过程是不断发明和使用符号的过程，人类创造了文化世界，并为自己创造了一个"象征性帝国"。在创造文化的过程中，人类不断地将对世界、事物和现象的意义以及价值的理解转化为具体而明智的形式或行为，从而具有一定的象征意义，并构成文化符号，这已成为人类生活中必须遵循的习惯或规则。在这些规则的约束下，人们从事各种活动，努力实现自己的人生价值。例如，在婚礼、宴会和葬礼等活动中，环境、服装、道具和程序都是象征性的。

在日常生活中，人们可以通过使用特定符号的方式来表示特定的事物或抽象的概念。然而，在不同的文化中，符号的含义仍然存在一些差异。例如，在讲汉语的国家，13 只是一个普通的数字，但是在西方文化中，人们总是对它避之不及。

（三）文化的传承性

随着物质和人口的生产和发展，人类文化具有历史连续性，是社会继承的结果，超越个人而存在。在文化传承的过程中，人们总是批判地、选择性地传承，并不断创新和发展，从而形成了一种固定的文化传统。例如，中国文化已经持续了 5000 多年，它独自发芽，慢慢生长，变得更强壮，并且从未停止，成为世界文化史上的奇迹。即使现代受到强大的西方资本主义文化的挑战，它也没有失去自己的特色。文化传承与创新的统一是文化延续的保证，传承是文化延续的源泉，创新是文化发展的动力，文化体现了创造的意志力，这不同于本能的生物继承或先天行为方式。

（四）文化的变化性

变化也是文化的特征之一，从历史的角度来看，文化正在变化和发展。随着政治经济的发展和外来文化的入侵，各个时期的文化都得到丰富。古代中国人需要留长辫子和穿民族服装，而在当今的社会中人们很少会选择穿传统的中国服饰。虽然在服装上发生了巨大的变化，但是并没有影响到我们对自身民族身份的认同，我们依然确定自己是中国人。所以可以看出，文化的发展使得我们没有必要通过服装和其他方式来展示我们的民族身份。

（五）文化的综合统一性

虽然人们很难就文化的概念达成一致，但他们同意文化分为物质文化、制度文化和精神文化的基本观点。任何文化体系中的亚文化都有自己完整的文化体系，是一个完整的体系。虽然文化的元素和成分是多种多样的，但它们不是简单而孤立的元素或成分，也不是随机拼凑在一起的，相反，它们是相互整合和统一的。这种统一性通常通过共同的价值体系和行为模式表现出来。

（六）文化的发展性

本质上，文化是不断发展和变化的。19世纪进化学派人类学家认为人类文化从低级进化到高级，从简单进化到复杂。从茹毛饮血的早期到今天的时尚生活，从刀耕火种的早期到今天的自动化和信息化，这些都是文化发展的结果。没有文化的发展，人类仍然是猿类的近亲，也就没有现代社会或文明。以马林诺夫斯基为代表的功能学派认为文化发展的过程是一种文化变革。文化变革是或多或少改变现有社会秩序的过程，包括组织、信仰、知识以及工具等。总的来说，文化的稳定是相对的，变化和发展是绝对的。

（七）文化的政治和经济性

政治、经济和文化是一个国家最基本的存在形式。特定的政治和经济决定特定的文化，文化响应特定的政治和经济，人是文化的主体。在阶级社会中，人们被分成不同的阶级，不同阶级的人对文化有不同的需求。因此，不同时期的物质生产水平形成了各种经济关系，影响着文化的生存和发展。与此同时，文化生存的优势和劣势对政治文明和经济发展有着强烈的促进或阻碍作用，这是任何时候都无法超越的。开明的政治和文明文化，发达的经济和先进的文化；专制政治和专制文化、落后经济和落后文化是相互依存和影响的客观存在。然而，文化发展和经济发展并不总是同步的。在今天的中国，把政治、经济、文化、社会管理、生态文明和党建结合起来是一个明智的选择。

（八）民族和世界的辩证统一性

每个民族的文化都有自己不同于其他民族的特点。这是文化的民族性。任何形式的民族文化都是为了适应不同阶级、职业、信仰和文化心理以及不同的社会环境和生产条件而形成和发展的。这个民族共有的文化的历史渊源承载着一种普遍一致的文化积累，从而形成了自己的文化特征并促进了其发展，这是一个民族文化包容性的表现。一个多民族国家的文化，包含了多种民族文化的特征，它将所有民族团结成一个整体，具有共同的心理素质和文化特征。它是一种独特的中国民族性格和传统文化形式。自然，在这个多民族的文化整体中，每个民族仍然保持着自己的文化因素和自己的传统和特点，如自己的语言、习俗、宗教信仰等。因此，文化的民族性是一种多元文化的形式。

文化既是国家的又是世界的，是国家和世界的辩证统一，这是文化包容性的最突出标志。在当今世界，任何一种成熟的文化都属于全人类，一种纯粹独立的民族文化并不存在。文化通过各种媒体在世界各国间传播，导致交流和冲突、选择和融合，并导致民族文化的发展或迁移。即使在古代，当交通落后、信息受阻时，世界各国之间的文化交流也总是通过各种渠道进行（如战争、商业、人员交流等）。中国历史上佛教文化的传入和明代以来的"西学东渐"就是明显的例子。同时，任何一个民族创造的文化，只有当它不仅具有民族特色，而且能够积极融入世界文化，吸收人类文明的所有成就，才会最有活力。只有当它在世界文化中占有一定份额时，它才能成为一种文化力量。

五、文化的功能

（一）文化帮助人们正确理解世界

在当前的社会生活中，人们普遍认为文化的产生与发展是由于它可以为出生在这个世界上的每个人展示一个可预测的世界，这样人们就可以更加清楚地了解周围的环境，包括自然地理环境、社会经济环境，特别是人类环境，从而通过与他人、社会和自然的适当交流，可以在这样的环境中更顺利地生存。

（二）文化教会人们行为端正

文化为世界上的每个人提供了现成的行为模式，从我们出生的那一刻起教导我们如何用同一社会中所有成员都能够接受的方式开展活动，也就是说，根据特定文化的行为准则来开展活动。在我们自己文化的影响下，我们将在自己成长的过程中逐渐形成和实践我们自己的文化或自己民族的思维方式、世界观、价值观、社会习俗、生活方式、行为准则、道德标准和交流方式，从而使我们感到如鱼得水，能够在特定的社会和文化中应对自如，面对复杂而艰难的生活环境，我们也可以冷静地应对，从而使人类社会顺利地发展。

（三）文化发展已经成为人类生活的基本需求

在生活中，人类有三种需求，分别为基本需求、衍生需求和综合需求。随着文化迅速和广泛的发展，它已经遍布我们生活中的各个角落，已然成为满足人们三种需求的主要手段，并且成为我们生活中的必需品。不同文化满足这些需求的方式和方法因文化而异，但是人们转向自己文化的原因是相同的，都是在帮助他们在情感和身体上继续正常健康地生活。

六、文化的发展

（一）文化系统的自我更新

所谓自我更新是指文化系统在基本稳定的基础上通过增值或损益以及文化系统表面结构的变化而发展。这是文化发展的基本方式。在自我更新的文化体系中，文化继承和创新之间总是存在矛盾的。如何处理文化传统往往是文化系统顺利发展的关键。

随着时代的发展，中国传统的文化机制被打破，进入了世界新格局，一些新进来的文化元素催生并瓦解着中国传统文化结构内部不同部分的变动。在世界的多元文化中，孔子、佛祖、耶稣分别代表了三种不同的文化：儒家文化、佛教文化、基督教文化。

基督教文化成为西方的主流文化，始于基督教对政治的干预。而儒家文化是封建统治者主动地借助其力量巩固统治，通过政治干预扩大了儒家文化的影响。儒家文化作为准唯物主义的文化，认为时间是有始无终的，它只关心此世，而把前世来生都放手给其他的文化和宗教，因此它讲究博大为怀。

随着历史的不断推进，文化常变常新，儒家传统文化也同样经历了起起伏伏，因为任何文化本身都应该包括文化认同、文化积淀、文化传承、文化互补、文化转型。未来是多元文化争奇斗艳的时代，绝不可能一枝独秀，儒家文化一定会在世界文化的万紫千红中与其他文化共吐芬芳，实现多元化发展。以儒家文化为核心的中国文化通过古今融通、东西方各取短长，它将既有民族的风味，又有丰富的内涵，能够展示鲜明的时代风貌，而且必将以更加包容的姿态屹立在世界文化之林。

任何一种文化都如水一样，要不断地流动更新，才不会腐蚀。中国几千年的文化，只有不断地更新、改变、转化和融通，取其精华、去其糟粕，不断地追求与现代化的互补，才会不失去它的价值，才会符合文化自身不断发展的规律。

（二）文化的变迁

所谓文化变迁是指文化的跨越式发展或文化的突然变化。文化变化通常表现为文化发展的突然中断或文化停滞。文化停滞的原因可能是人与自然的关系处于简单的平衡状态，这使得文化发展失去了动力。这也可能是由于文化系统的自我封闭性，使得文化系统无法相互交流。也许是因为文化系统之间的不平等对话，处于强势地位的外国文化利用各种优势压制了当地文化的发展，从而使当地文化的发展停滞不前。

（三）文化的多元化发展

在未来，世界文化向多元化文化发展。多元化的发展方向就是保留现有文化、吸收外来优秀文化、包容多文化、促进多文化发展，即不要把文化弄得单一乏味。这是文化多元化的基础和动力。文化多元化发展不仅是指在全球范围内，实现不同民族文化的共存和共同繁荣，而且它也意味着某一国家或地区要对其他民族文化宽容和包容，甚至吸收其他民族文化中优秀的部分。

中国文化曾为世界文明做出过杰出的贡献，但它缺乏西方文化中的一些精神，如竞争精神等。中国文化中注重人与自然的和谐、人与社会的统一，主张群体高于个体，主张中庸之道，相互依存、相互转化，这是西方文化所不及的。可以看出，无论是东方文化还是西方文化，都不可能单独承担起整个人类文明，它们都有各自的特点，相辅相成，互为补充。作为世界文化下属的子文化，东方文化和西方文化就像一位母亲的两个孩子，由于种族、语言、地域、历史和政治形态等因素的差异，造就出性格不同、风格鲜明的民族文化，它们既传承于历史，又具存于现在，是不朽的民族精神。

生产力的高度发展，促使了文化交流的产生。经济全球化的发展，使得生产力及生产方式在技术和观念上超越自然环境和资源的地域性限制，从而弱化了民族分工和地域性生产的绝对性。作为一种意识形态，文化需要构建起一种个性与共性、民族性与世界性辩证统一的进步文化观。它既不同于以西方文化霸权为哲学基础的文化观，也不同于对文化差异过分夸大，从而导致文化对话障碍的文化观。它不仅是博采众长、求同存异、开放平和的文化的新观念，也是融合东西方文化精粹、承载人类共同利益的文化新模式。进步的新文化将为本土文化注入新鲜的血液。因此，我们应当用平等、开放、求同存异和追求自我完善的态度正确地看待和迎接文化的交流和融通。

平等的含义是指，在交流过程中，不应将与我们不同的文化视为异端邪说，不能试图压制、同化或是消灭不同文化，而是应当把它纳入自身的文化环境中以供借鉴和交流，不可以采取本文化的定式思想来评论不同文化的利弊。事实上，这样容易导致对异文化的误读甚至导致孤芳自赏。只有平等的尊重异质文化，才有可能避免刚愎自用和夜郎自大，以及自我封闭，才能解决文化之间存在的偏见与霸权，才能弥合文化间的不对等。这是跨文化交际赖以生存的基础。

开放的含义是指以平等、宽容、开放、理解和从容的心态来看待多元文化的共存。

所谓求同存异就是指在各文化之间寻求共同趋势的情况下还能适当地保持自我。各文化的交融不可避免地存在"冲突"与"碰撞"，正如齿轮运行间的磨合一样，需要经历一定的时期。在保护自我文化的同时，建立一个能容纳不同文化的中间地带，就有可能将文化共享变成现实。

文化的自我完善意义是指，在文化碰撞和交流中，要反观自我文化，检讨自我文化中客观存在的不足，吸收不同文化中优秀和宝贵的养分，从而滋养和丰富本民族文化。因为，事实不可辩驳地证明，每一种文化形态或观念都不可能是尽善尽美的，也不能永远代表和说明社会的演变，每一个民族文化的结构中，都存在一定的空位和缝隙，有待弥补和完善。

第二节 翻译概述

一、翻译的概念

翻译有广义与狭义之分。广义的翻译包括语言与语言、方言与民族共同语、方言与方言、古语和现代语、语言与非语言（符号、数码、体态语等）之间的信息转换。这个概念的外延是相当宽泛的，它包括不同语言间的翻译、语言变体间的翻译和语言与其他交际符号的转换等。广义的翻译主要强调"基本信息"的转换，不强调"完全的忠实"。广义的翻译也称作"符际翻译"（intersemiotic translation）。

狭义的翻译一般是指"语际翻译"（interlingual translation），亦即用一种语言符号解释另一种语言，诸如英译汉、汉译英、法译英等不同语言之间进行的翻译。狭义的翻译是一种语言活动，"是把一种语言表达的思维内容忠实地用另一种语言表达出来的语言活动"。这个定义强调"翻译是一种语言活动"，确定了狭义翻译的性质，表明它是人类多种交际方式中语言交际的沟通。

英汉翻译就是把英语所表达的思维内容忠实地用汉语表达出来的语言活动，它包含着一个对原文含义的理解逐步深入，对原文含义的表达逐步完善的过程。

二、翻译的分类

关于翻译的分类，可以从不同角度进行划分。

（一）文学翻译

文学作品是以语言作为工具，通过各种文学形式来形象地反映生活，表达作者对人生与社会的认识，唤起人们的美感，让人们能够从中享受艺术。在文学作品的创作过程中，作家进行的是形象思维的活动方式。它具有三个特点：首先，作家运用各种艺术手段把从生活中得到的大量感性材料熔铸成活生生的艺术形象；其次，始终离不开想象（幻想、联想）和虚构；最后，作品伴随着强烈的感情活动。文学作品的形象思维创作过程涉及以下五个方面。

①从内容上来说，文学作品从客观事物出发，并采取了"对世界艺术的掌握方式"，它依据生活而又经过虚构，从不拘泥于真人真事，对于人物的塑造从来不是仅仅用一个"模特儿"，而是杂取多人、合而为一；事件不全用事实而是采取一端、加以发生；环境不只依托一地一处，而是根据需要加以组合、创造，一切都具有客观情理性。

②从形式上来说，对于文学作品的翻译主要运用的是媒介语言，更能体现文采的生动。

③从作者来说，对于文学作品的创作主要运用的是形象思维，从而能够以一种生动感人的语言描绘形象。

④从读者来说，文学作品诉诸读者以感情和想象，鉴赏者侧重于艺术真实和审美创造的判断。

⑤从功能来说，文学作品是一种社会感化的手段，但重在审美。

（二）非文学翻译

非文学文章是一种用来反映真实客观事物的语言形式，它具有三个显著的特点：一是内容真实，必须是客观存在的正确反映；二是直接服务于社会，是实践工具；三是语言规范，具有单义性，比较严格地按照语法进行。非文学文章包括议论文体、说明文体、应用文体和记述文体（比如新闻）等。

非文学翻译的意义在于译文正确反映客观事实；实现原文服务社会的功能；语言规范，不用新奇的表达方法，即词语搭配为无标记搭配或普通搭配，符合一般的语法规范；因原文具有单义性，译文也要意思明确，没有歧义。即使原文看起来有歧义，那也是由于译者缺乏对背景情况的了解才产生的，而不是作者故意设计的，所以应通过语篇内外知识，在译文中消除可能产生的歧义。

翻译是运用两种语言的复杂过程，它包括正确理解原文和准确运用另一种语言再现原文的思想内容、感情、风格等。由于翻译工作的复杂性，适当的准备工作是不可缺少的。通过准备，可以使翻译得以顺利进行。

三、翻译的准备

翻译应该进行必要的准备，以使翻译工作能善始善终。

正式动手翻译之前可以做的工作很多，主要精力应放在查询相关资料以便能对原作及其作者有一个大概的了解，同时为了保证质量和节省时间，还应熟悉整个翻译过程可能使用的工具书和参考书。

（一）了解作者

对于作者，需要弄清楚他的简略生平、生活时代、政治态度、社会背景、创作意图、个人风格等。比如若要翻译一名作家的一篇小说，为了获得有关作者的一些基本信息，可以阅读作者自己的传记、回忆录，或者别人写的评传，或者研读文学史、百科全书、知识词典等。还可阅读用汉语解说的相同辞书，如：《中国大百科全书》《辞海》《简明不列颠百科全书》《外国名作家传》《外国人名辞典》《外国历史名人》。

（二）了解相关背景

背景知识是指与作品的创作、传播及与作品内容有关的知识；超语言知识按语言学的定义指交际行为的环境、文章描述的环境及交际的参加者等。两个概念的外延合起来大约涵盖了前辈翻译家说的"杂学"。

四、翻译中文化意向与信息的传递

（一）文化信息传递在翻译中的重要性

在英汉翻译过程中，如果我们能够掌握源语言背后的文化信息，以读者能够理解的方式传达原文的文化信息，那么在英汉翻译过程中，文化交流的翻译目的就会实现。如果我们不注意传达语言所承载的文化信息，误译甚至笑话会经常发生。

（二）翻译中传递文化信息需要考虑的因素

1. 习惯表达

习语具有强烈的文化特征，包含丰富的文化信息。然而，许多习惯表达在语言形式或表达上有自己的特点。要把握两种文化的对比，我们不仅要保证源语言文化信息传播的信息程度，还要努力争取文化信息传播的有效程度。

2. 生活环境不同

当译入语的生活环境中不存在某种东西时，可能会有词汇空缺，这意味着源语中词汇所承载的文化信息在目标语言中没有相应的语言。

3. 形象词语选择不同

形象词的选择不同，导致不同的语义关联。例如，在我们国家，猫头鹰也被称为"夜猫子"，因为它们会尖叫，人们会把它们的叫声与灾难和死亡联系在一起。比如"夜猫子进屋"意味着灾难迫在眉睫、厄运迫在眉睫，所以猫头鹰被视为厄运的象征。而西方人认为猫头鹰是聪明的鸟类和智慧的象征。

4. 英汉语言中都存在着特定的典故

由于不同的文化背景，从一些典故中借用的比喻形象不能让目标语言的读者想到它们的比喻意义。对于没有读过这部小说的读者来说，很难将它的比喻意义与目标语言的形象联系起来。同样，中国的典故，如"请君入瓮""东施效颦"，也有特定的文化来源。在翻译中，有必要掌握这种文化信息的传递，否则就不能够正确翻译，更不用说文化交流了。

第三节　文化与翻译的关系

一、文化对翻译的影响

（一）文化对翻译过程的影响

一方水土养一方人，各个地区由于地理、气候、历史变迁等方面的差异，其风俗习惯、宗教信仰、政治经济也各不相同。近年来，随着经济全球化和信息全球化的发展，各国之间的关系越来越密切，促进了不同文化之间的交流与融合，文化对翻译的影响也越来越深刻。各民族文化的不同直接反映在语言及文化上，又间接反映在文学作品中。作为跨语言的翻译活动，避免不了文化对语言的影响和干扰。语言是文化的载体和交流的工具，翻译是跨文化交际的桥梁。文化的融合必然会反映在语言的融合上，而语言的融合又必然记录着文化融合的趋势。从文化融合的大环境看，在翻译的过程中不可避免地会出现一些问题，处理好这些问题，对于吸收其他国家的文化和丰富本民族文化具有深刻的意义。

中西文化之间存在差异是一个不争的事实，而翻译中文化差异问题的处理是个十分复杂的问题。在跨文化翻译过程中，不同文化在各自语言中的积淀会明显地显现出来。对于真正成功的翻译而言，对文化的熟悉甚至比对语言的掌握更重要，因为词和句子只有在源语的文化中才能显示出它最本质的含义。译者要真正理解源语和目的语文化，将附加在语言上的超语言信息——文化信息传递出去，使翻译顺畅的完成，真正让译文成为传播文化的一种媒介。

文化融合在全球化的视角下是一种必然趋势。文学作品作为文化差异中的一种体现形式，可以通过翻译作品达成共识，促进文化的共同发展。不同国家和不同民族之间的文化交流，为文化注入了更多的活力，而且通过借鉴其他民族的先进成果，为丰富和发展本国传统文化创造了机遇和条件。

翻译不仅仅是两种语言之间单纯地转换，同时还是不同文化背景之间的转换，可见文化在翻译的过程中有着非常重要的影响。

译者在具体的翻译过程中，需要考虑到具体的交际语境，因此要在文化共识的基础上，对其进行针对性的翻译，从而能够使译入语读者了解原文信息，明确作者所要传达的感情。

翻译主要包括理解与表达这两个关键的步骤。对翻译的内容进行深入理解是译者进行翻译的前提，而表达就是翻译的最终结果。这就是说，译者要从原文中找到和译入语文化背景相关的部分，针对原文中的文化特色，译者需要使用体现译入语国家生活模式的语言进行得体翻译。在文化对翻译过程的影响下，翻译应该主要分为以下步骤进行。

①准确分析和翻译源语中的文化信息。
②考虑文化交流的目的。
③进行文化传达。

文化对翻译过程的影响除了表现在原文文化对译文表达的影响之外，还表现在译者自身文化背景对翻译过程的影响。译者在翻译过程中，处在自身文化个体身份下，自己的文化取向会在一定程度上表现在翻译过程中，所以译者应该正视自身的文化身份，进行灵活翻译。

（二）文化对翻译形式的影响

文化对翻译形式的影响主要是文化强势与弱势的作用。翻译的过程是带有目的性与倾向性的，因此，译者在翻译过程中，也会受到文化强弱的影响。一般来说，人们总是试图选择强势文化下的作品进行翻译。

翻译本身带有一定的目的性与倾向性，这会在一定程度上影响译者的选择。这种文化强势对翻译形式的影响主要体现在语言的对译过程中。例如，当罗马人征服希腊之后，以胜利者的身份自居，这种文化强势在对希腊作品的翻译中可见一斑。罗马人以文学战利品的态度对待希腊作品，翻译时十分随意。

二、文化对翻译的制约

（一）文化对译入语中词汇选择的制约

词汇是语言的基本要素，是语言系统形成、生存和发展的支柱。文化具有共性和异质性。前者表明地球上的人有相同或相似的想法，并且可以相互交流。后者作为一种异质文化，在语言系统中造成词汇空缺。这个词汇空缺的真正原因是语言中包含的与一个民族相关的各种文化现象。

然而，这种限制并不总是相同的。根据跨文化交际的需要，或输出本土文化或输入外国文化的需要，对语言的文化限制也受到归化和异化的限制。

英语和汉语都有丰富的谚语。我们知道谚语是固定的句子，在人们中间广泛流传。它们用简单通俗的语言反映了深刻的真理，是社会生活经验的总结。然而，不同的民族文化使得谚语在词汇上有所不同。很明显，中英谚语的表达方式非常不同。对于译者来说，这不能通过直译来解决，而是根据目标语言读者的文化采用相应的翻译。当源语言习语中的图像不能在目标语言中再现或移植时，源语言习语中的图像可以被一个符合目标语言表达习惯并为目标语言读者所熟悉的图像所取代，但是目标语言读者仍然可以与源语言读者有相似的语义关联，并获得大致相同的艺术体验。

（二）对涉及历史故事或历史事件的习语的制约

历史是人民写的，是人民创造了历史。过去，关于人民还是英雄创造了历史的争论持续了许多年。事实上，这只是一个概念性的问题。英雄和普通人都应该被视为人。我们现在不要讨论这个问题。由于历史上一些著名事件或故事发生的时代、所涉及的人物及其产生的结果的特殊性，这些事件或故事在各行各业中产生了深远的影响。因此，当人们在这些历史事件或历史故事中遇到诸如人物、事件、原因和结果之类的情况时，会自然而然地把它们联系起来，通常是以简洁的形式联系起来，并在一段时间后成为今天的习语。

三、翻译过程中的文化融合与碰撞

中西文化有不同的背景知识、民族感情和语言，所以有些东西在另一种语言中找不到相应的词语。在这种情况下，翻译往往会出错或失去原有的味道。

（一）注重文化差异

事实上，要想真正掌握文学翻译的技巧和方法，就不能局限于对原作字面意思上的理解，还要对原作者所在地区的自然环境、政治历史背景、社会文化、风俗习惯等方面的文化知识都有所了解,才能更好地体会原文,使原文的思想情感、风格神韵完美地转化到译文的境界里。

1. 历史差异

在两种语言的翻译中,由于历史和文化的差异,我们经常会遇到翻译困难。历史文化的一个重要组成部分是历史典故。历史典故蕴含着丰富的历史文化信息,能体现出浓厚的民族色彩和鲜明的民族个性,反映出不同的历史文化。要运用适当的翻译方法,了解原作中蕴含的丰富历史文化,才能正确翻译这些历史典故,否则就不可能很好地体现和传达历史典故的内涵。

此外,因为源语和目的语文化意象的差异,翻译时需要转换文化象征来传递同样的信息。要译好这些涉及历史的内容,就要关注历史文化之间的差异,采取适当的翻译方法进行翻译。

2. 宗教差异

宗教信仰对人们的语言也产生了至关重要的影响。由于中西方的宗教信仰不同,影响了语言的理解,也影响了文学作品的翻译。儒教、道教、佛教是中国的三大宗教,对中国人们产生了深远的影响。在漫长的历史中,三大宗教相互补充,甚至合而为一,共同对中国文化起作用,渗透到中国文化的各个方面,其影响也自然反映到语言之中。在宗教文化方面,有些词虽然在汉语和英语中都有对应的词语,但是它们包含了不同的宗教文化信息,这就需要在翻译时提起注意。译者必须要了解文学作品中涉及的宗教文化背景,否则就会出现翻译失误。

3. 习俗差异

任何文化都是在特定的生态、自然环境中产生的,环境的差异会体现在不同的语言中,同样会影响到英汉语言之间的翻译。社会语言学家认为,语言与文化、与社会密不可分。不同的民族,因所处的自然环境不同,生产生活方式不同,所产生的语言和文化也必然不同,我们在翻译时要考虑约定俗成的言语习惯。

中西双方的习俗差异是多方面的。就称谓而言,不同语言里对一个概念有不同的含义和使用范围。姐姐和妹妹、哥哥和弟弟在汉语里明显不同,在英语里则一视同仁,统一称为 sister 和 brother。这些看似很简单的英语单词,如果没有在特定的语言环境下是无法进行理解和翻译的。

4. 地域差异

文化具有鲜明的地域性，它伴随着人类的出现和发展而产生和发展。不同民族对同一种现象或事物采用不同的言语形式来表达，因此各个人群便是按照自己不同的方式来创造自己的文化。汉语中有赞美"东风"的文句，英语里不乏歌颂"西风"的诗篇。就"东风"与"west wind"而言，汉英两种文化里都有对应词语，所指词语意义相同，但所表达的含义截然不同。翻译时要注意对这些地域文化差异进行正确的解释。

在各种语言里，文化个性反映在人们对客观世界的认识上。文化的诸多因素影响着文学作品的翻译。所以，在翻译过程中，译者要想正确翻译出词语所包含的文化意义，必须选择适当的翻译方法，根据具体语篇，了解不同民族文化体现在原文中的文化内涵，在不违背原文语义表达的基础上再现原文的目的，真正实现两种文化的沟通和移植。中西文化发展的历史源远流长，各自都遵循着自身内在的逻辑独立地发展。在文化交流日趋频繁的今天，只有深刻理解不同的文化差异，才有可能准确了解各自语言表达方式的不同，进而更好地进行翻译。

（二）文化的相通与重叠

文化的相通与重叠，主要经过接触、撞击和筛选、整合三个过程。

①接触。两种文化在传播的过程中进行接触，这是文化之间互相融合的前提。

②撞击和筛选。每种文化都有顽强地表达自己和拒绝其他文化的特点，两种文化接触后不可避免地会发生冲突。在影响的过程中，社会选择是选择最好的，消除最差的。

③整合。从最初的两种文化体系中选择的文化元素通过调整被整合到一种新的文化体系中。例如，现代美国文化是多元文化融合的结果。

（三）文化的差异与碰撞

尽管中西文化有相似之处和重叠之处，然而，由于历史传统、生活习惯、宗教信仰、思维方式和地理环境的不同，中西文化的差异也表现在语言上。在中西文化中，相同的词可能会有不同的含义。例如，中国的"龙"被居民视为权力、地位和尊严的象征，在古代被视为图腾崇拜。然而，在英语中，龙被认为是一种带有毒火、翅膀的凶残的怪物。

四、针对文化差异的翻译

在当今时代,"文化"已经渗透到社会的各个角落,反映在人们日常生活的各个方面,承载着丰富多彩的内涵和信息。同样,文化对语言和翻译也有重要影响。语言本身是一种社会文化现象,是社会文化发展的产物。同时,语言也是文化的载体。语言和文化之间的密切关系也决定了翻译和文化之间的密切关系。翻译是两种语言之间的转换过程,不可避免地涉及两种不同的文化。事实上,翻译是一种跨文化的活动。翻译不仅要实现语言对等,还要实现文化对等。

语言的文化内涵是指字面含义背后包含的各种含义,包括褒贬含义、词语的联想和用法,这些通常与语言使用的民族文化密切相关。中国文化是历史悠久的文化之一。这是一种人文文化,强调人的意志、直觉和人与自然的统一与协调。原始象形文字使中国人很容易以图像的形式思考,而语言的具象化方法已经成为中国人的一个特征。

不同语言之间的文化差异客观上增加了翻译和交流的难度。因此,我们的任务不仅是理解这些差异,更重要的是分析这些差异对翻译和交流可能产生的影响,研究这种影响带来的问题,并寻求克服困难和解决问题的方法和途径,从而提高翻译质量。

不同语言文化差异造成的困难和问题大致可分为两种类型:一种是"翻译失败",即读者不知道翻译的含义或误解原文的含义;另一种是"翻译冲突",即对其造成误解,特别是与政治思想和外交术语有关的误解,具有更严重的后果。就不同语言内涵的差异所造成的困难和问题而言,这种划分可能有些粗糙。

也就是说,文化差异有负面影响,如果误解达到了更严重的程度,就会导致双方之间的冲突和不和,这往往会导致最终的沟通中断。例如,在对外交流中,如果我们不理解不同语言之间的内涵差异,话题选择违反了一方的文化禁忌,并且远远超出了法规允许的范围,冲突就很容易发生,交流也很困难。

因此,译者不仅要有扎实的语言知识,还要有较高的文化素质,这对翻译实践具有重要意义。在文化全球化的背景下,从文化的角度研究语言和翻译尤为重要。在跨文化交际中,文化相互影响和渗透,对此的理解有以下三个方面。

第一,语言是物质世界的一部分。语言是人类进化和劳动实践的结果。从语言的内部结构系统和人们产生语言的心理过程来看,语言的理解和使用是在人的生理(包括神经)机制和物质时空下发生的,语言的形式和内容具有物质属性,语言符号系统本身的规则和人类认知规律也制约着词语文化意义的产生,因此我们认为词语文化意义是主客观互动的产物。

第二，语言是关于物质世界的理论。语言不仅可以建立我们的概念基础，互动的基础也建立了，语言被构建为客观世界和主观世界之间的认知中介平台，成为人们和客观世界互动的媒介和渠道。人类的一般认知能力是在与环境的互动中通过同化和适应而形成的。语言意义的产生和解释离不开人们的身体特征、生理机制和神经系统。

第三，语言是物质世界的隐喻，是人类思维外化的结果，当了解外部世界的人理解和描述它时，一方面，他们应该受到外部世界本身存在的限制，另一方面，他们应该受到他们所属民族文化的影响。语言不可避免地会在人们的理解过程中"自动"将人类实践外化，并且不可避免地会成为人们在现实的"真理"基础上实现思维创造和价值追求的工具。

语言是文化系统中更有影响力的基本子系统，也是文化系统中其他元素赖以生存的基础。语言是反映民族文化的镜子，一个国家语言的正式组织规则和语义特征也反映了一个国家的文化精神。语言符号系统的编码模式包含一个民族的文化精神和认知模式，语言的人类属性是一个民族的认知属性。语言是人与社会、人与自然之间的纽带，也决定着人们的文化心理。

在研究语言符号系统的功能时，笔者提倡多层次的语言符号系统观，并从语言符号的内部和外部结构来研究词语的文化语义，因为语言是人类文化编码符号和思维外化的结果。没有语言，人类无法将外部客观现实内化为心理现实并将其视为思维对象；没有语言媒介，人类大脑中的思维过程和意识形态内容就无法清晰地被人类表达和感知。因此，语言是表达和理解思想的过程，人们的表达和理解行为本身就是语言。

关于人类语言共性的研究，有关学者提出了一种语言和文化的互动认识论。该理论认为，语言深深植根于文化之中，隐藏在语言的内部深处是一个民族的精神特征，这不仅决定了语言的外部结构，也是语言生活的地方。语言的特征是民族文化和精神特征对语言不断影响的自然结果。人们可以从语言的形态结构和组织机制中推断出一个民族的文化特征，换句话说，由民族本身的文化和精神特征决定的语言结构包含了民族精神的特征。语言是文化思维的载体，哲学思想（尤其是一个民族的哲学经典精神）是一个民族文化精神的核心。中西不同的哲学思想塑造了不同民族的文化精神，这些文化精神塑造了不同民族的语言特征和动机机制，因此一个民族的语言特征是一个民族文化精神的反映。语言、思维和哲学相互影响，它们是外语学习的三个有机环节，是不可或缺的。

总之，语言和文化是密不可分的，可以说，语言与文化是共生的。任何语言都离不开社会习俗、文化背景和历史演变。语言背后有着深刻的文化和文化差异，文化差异包含在语言的表达主体、表达方式和各种特定语境中。没有文化因素，就不可能全面准确地掌握一个国家的语言。因此，可以肯定地说，英语和汉语的文化理解越透彻，翻译水平和翻译文本的质量就越高。

第二章 英语翻译的基本知识与相关因素

翻译的历史不论是在西方还是在东方都已经有 2000 多年了。世界各民族之间进行思想与文化交流以及相互交往，都是通过翻译这个桥梁来实现的，所以翻译的重要作用是显而易见的。目前，翻译学尚处于起步阶段，尽管国内外各家各派从不同角度进行了翻译理论的研究和探讨，但由于该研究涉及的范围广泛，翻译理论界仍处在百家争鸣的阶段。在本章中主要对英语翻译的基本知识以及英语翻译的相关因素进行分析。

第一节 英语翻译的基本知识

一、翻译的过程

翻译的过程是正确理解原文并用另一种语言再现原文的过程，包括理解、表达和校核三个阶段。在翻译过程中，理解与表达互相联系、往返反复，因此不能截然分开。理解是表达的前提，没有正确的理解就没有确切的表达。当译者在理解的时候，他有意识或无意识地在选择表达手段；当译者在表达的时候，他又进一步加深了理解。无论是哪种语言之间的翻译，都需要反复推敲一个句子、一个段落、一篇文章的处理方法。

（一）理解阶段

我们在翻译的过程中应该要通过分析原文的上下文来对其进行深刻的理解，通过理解内容来选择正确的译法。若想准确地翻译，必须要透彻地对原文内容进行理解，因此，译者需要注意以下三个方面。

首先，要理解语言现象。译者必须要根据语境去理解原文中句子与词汇的含义。

其次，要理解原文所涉及的事物。译者不仅要分析原文的语言现象与逻辑关系，还要透彻地理解一些与其相关的事物或者历史背景，联系实际地去翻译，否则不可能对其进行准确的翻译。

最后，要理解逻辑关系。原文中的单词与句子可能包含着多种含义，因此，译者需要通过语境去理解原文的逻辑关系，再去选择最准确的译法对其进行翻译。

（二）表达阶段

在表达阶段，译者需要将自己对内容的理解用另外一种语言表达出来，理解对表达的影响起着非常关键的作用，但是理解正确并不一定能够保证表达正确。通常表达包括以下三种方式。

第一种，直译法。这种翻译方法并不是逐词进行死译或硬译，而是尽可能地保持原文的内容、形式与风格，按照原文的表达方式进行翻译。

第二种，意译法。这种翻译方法是指译者在受到译入语社会文化差异的局限时，不得不舍弃原文的字面意义，使译文与原文的内容相符并且主要语言功能相似。不同语言在词汇、句法结构和表达方式上都会存在一些不同点，当原文内容与译文的表达形式不一致时，意译是一种比较理想的选择。

第三种，直译法和意译法相结合。在翻译的过程中应该灵活地采用准确的翻译方案，从而将直译与意译相结合。这两者并不矛盾，都是为了能够准确地对原文的内容与形式进行展现，一部优秀的翻译作品总是体现着直译和意译的结合。

（三）校核阶段

在最终的校核阶段，译者需要对原文的内容进行进一步的核实，并且仔细核对译文中的语言，因为在翻译的过程中不论多么谨慎小心，都不可避免地会出现一些漏译或误译的地方，因此，校核就显得非常有必要。校核的主要内容通常分为以下四个步骤。

①核对译文中是否存在人名、地名、数字、日期等方面的错误，并对其进行修改。

②核对译文中是否存在单词、句子、段落等方面的错误，并对其进行修改。

③核对译文中是否运用了冷僻的词汇或者过于白话的语言以及陈腔滥调，并对其进行修改。

④通常情况下要进行两遍校核。第一遍着重对译文的内容进行校核，第二遍着重对文字进行润饰。如果时间较为充裕，应再把已经校核过两遍的译文再对照原文通读一遍，做最后一次的检查、修改，务必在解决所有问题后再定稿。

二、翻译的标准

翻译的标准是翻译实践过程中衡量译文水平高低与好坏的尺度。关于翻译的标准，不同的学者可能有着不同的观点，但是，忠实应该是翻译的基本标准，这包括功能和文体上的忠实，下面对这两项进行具体的分析。

（一）功能的忠实

功能上的忠实指的是原文具有什么样的功能，译文就应该呈现这种功能。语言具备了以下六种翻译功能。

①表情功能：主要表达发话人的思想与情绪。
②信息功能：主要是对现实世界的反应。
③祈使功能：主要是使读者对文本做出反应。
④美感功能：主要是使感官愉悦。
⑤应酬功能：主要是使交际者之间保持接触的关系。
⑥元语功能：主要是语言对自身功能及特点的解释。

（二）文体的忠实

由于文体的不同，对忠实性的要求也就不相同。以文学翻译与应用文翻译举例，忠实性要求再现原文的风格。

①在对文学作品进行翻译时，应该要再现原作的风格，因为只有在不改变原文风格的基础上进行翻译，阅读译文的读者才可以与阅读原文的读者获得同样的感受。但是，必须要注意的是，译者应该运用符合译入语且自然的语言对原文进行再现。

②在对应用文进行翻译时，如果原文的风格比较正式，那么翻译成目的语的时候应该转换成相应的格式，才可以准确地体现出原文正式的风格。

三、翻译的意义

在人类社会发展的历史上，语言交际一出现就伴随着翻译活动的进行。翻译是不同民族之间用不同的语言进行交际的不可缺少的手段。毫无疑问，各族人民的相互交往，自然少不了口头语言翻译的发生，口头语言的翻译必定早于书面语言的翻译。文字出现以后，各民族间的文字翻译就越来越多。进入21世纪，各国间的政治、经济、思想、文化、科学技术等的交往日趋频繁。我国在经济等方面正在与世界接轨，同时我国也在进行现代化的建设、加强与世界各国的联系，所有这一切都离不开翻译。

在人类社会前进的过程中，翻译肩负着时代的需要、历史的重任，始终与社会的进步、文明的发展、科技的创新、人类的命运休戚与共，紧密相连。新的世纪、新的形势、新的目标和新的任务必将有力地推动着翻译事业的蓬勃发展，同时给各类翻译教育的加强以及翻译人才的培养提出了更新、更高的要求。

学习外国语言的人，不仅要把语言学好，而且还必须学会中外不同语言互相转换的本领，要掌握翻译的能力。同时，翻译也是一种外语教学和学习中不可或缺的方法。就学习语言本身而言，翻译对学好外语是很有帮助的。

第二节　英语翻译的相关因素

一、文化与翻译

（一）语言与文化

文化体现了一个国家在一定时期内的思想内容、行为、习俗和习惯。它是人类发展过程中不可磨灭的印记，也是人类整个生活方式和生活过程的沉淀。纵观历史，文化更像是一种特殊的象征，反映了整个群体的各个方面。博大精深的文化不仅意味着政治和经济的繁荣，也对政治和经济产生了深远的影响。上下五千年，悠悠中国历史。走在这样一条壮丽的历史走廊上，我们可以欣赏到各种学派之间的激烈争论。孔子创立的儒家学派作为中国固有价值体系的体现，逐渐发展成为中国传统文化的主体，并对中国、东南亚乃至世界产生了深远的影响。纵观西方哲学史，最早提出的常规哲学范畴是理性，它对各国文化的影响可以说是根深蒂固的。作为古代欧洲和中世纪常见的哲学概念，它通常指的是世界上可理解的规律。法国著名哲学家雅克·德里达曾提出流行的"逻各斯中心主义"，并强调它对西方文化的重要性。尽管这种形而上学的理论并不完善，但它无疑在某种程度上反映了逻各斯中心主义对西方哲学的深远影响。

翻译活动越来越被视为跨文化活动，虽然它最初被认为是纯语言到语言的转换活动。一些使用一种语言的人可能与一些使用另一种语言的人属于同一话语系统或社区，因此这些人之间的交流是同一话语中的交流，并且很容易相互理解。他们之间交流的障碍主要来自他们各自语言的差异。对于那些不属于同一语言社区或同一话语社区的人来说，他们的交流更加复杂，在理解上也会遇到很多困难。同一话语共同体内部的交流和不同话语共同体之间的交流不可避免地会对他们产生深远的影响，因此表现出不同的特点。

1. 语言的起源

随着人类社会的发展，逐渐产生并发展了语言。在历史比较语言学占统治地位的时期，由语言的起源与发展所建构的语言历史几乎是语言学研究的全部内容，结构主义语言学的出现逐渐扩展了语言学的研究领域。然而，语言的起源与发展是比较重要的研究对象之一。我们都知道，人类产生语言的前提条件不仅是交流的需要，而且也是发声器官的形成。语言是在劳动中发展起来的。因此，语言的出现确实离不开劳动，这主要是因为劳动为语言的创造提供了必要性。同时，古代的人类由于逐渐改变的生存环境，不仅能够进行直立行走，而且还改造和发展了肺部、声带等发音器官，最终能够对各种语言进行调节和发出。由此可见，劳动在一定程度上对古代人类的发音器官和思维进行了改善和发展，并且奠定了良好的语言产生的基础。发展人类的思维能力的同时也能够发展人类的语言能力，由此可见，语言不仅是人类进化的产物，而且也是社会发展到一定阶段的产物。

2. 语言的内涵

（1）语言的结构

从内部结构来看，语言是一个符号系统，但是它在信息量、结构和功能上的复杂性远远超过其他符号系统，如莫尔斯电码、信号灯、交通灯等。语言系统是一个复杂的整体，包括各种分支系统或层次，如音素层次、词汇层次、语法层次等。语言成分通过各种相互关联、相互制约的关系联系在一起，形成一个有序的系统。作为符号的语言单位有两个重要方面：一是表现方面，即发音；二是内容方面，即语义。在一个语言单元中，声音和意义的组合是常规的，什么样的语音形式表达什么样的意义内容。世界上有成千上万种语言的原因是，当人类创造语言，从而形成不同的语言时，在表达意义和内容的语音形式的选择上不一致。一种语言的内部结构是区分一种语言和另一种语言的关键，如果不了解语言的内部结构，就无法识别语言的语音或文字符号，也无法获得语义。那些不掌握英语内部结构的人很难区分不同排列组合后的26个字母的含义，不懂中文的西方人只把汉字视为怪异的线条组合。

然而，理解语言内部结构的符号系统并不意味着它完全理解语言符号的含义，即语义。语义的表达或理解不仅应该理解和掌握语言的内部结构，还应该理解和掌握语言的外部结构，即文化结构。

（2）语言的功能

语言是人们记录、传递和保持经验的主要形式。语言对人们的信息处理也有很大的影响。所谓的信息处理是语言的信息处理，语言是区分人类和动物的主要符号。语言的使用是人类一种特殊的高级认知能力。语言本身是一种社会现象。人们使用语言，包括理解他人的语言，这是一种高级和复杂的认知能力，是人们独有的。

①语言是人际交往的工具。语言同人类社会是紧密耦合的，它是一种社会现象。在语言的帮助下，人们能够共同生活、共同生产，并积极协调与自然力量的斗争。

语言不仅是一种社会现象，而且还是一种特殊的社会现象。作为一种社会现象，语言既不是经济基础，也不是上层建筑，与此同时，也不服务于特定的阶级，而是服务于整个社会。

事实上，在人们进行交谈的过程中，当说话人以话语形式组织经验，并向听话者进行传递的时候，就已经站在了说话人的立场上，并且还具有一定的主观性。由此可见，尽管说话者的目标是传递信息，然而在这个过程中，他们对自己的主观感受、态度和意图进行了充分表达，与此同时，他们也希望可以从听话者那里获得反馈。听话者在对客观经验信息进行接收的同时，也对说话者的主观情感态度进行了充分了解，同时也做出了回应。由此可见，说话者和听话者在无形当中就形成了交流互动。由此可见，语言在人们进行交际的过程中是一项重要的交际工具。

在日常的语言使用过程中，尤为体现出这一功能。在人们日常的交际和交谈的过程中，甚至可以说是一部分话语的主要目的，不是对客观的信息进行传递，其主要目的是能够实现人机互动。人与人之间的面对面交流是一种人际关系。由于在书籍和报刊上只能看到说话者，但是看不到听话者，由此可见，不能够被划到人际交往的行列中来。然而，在阅读的过程中，每一个阅读者都会对书籍中的知识进行吸收，其中包括作者的主观情感和思想，对于读者来说，就是接收这些话的人，在他们进行阅读的时候也很可能会出现情感上的共鸣与回应，以书面的形式表现出来。

在这两种情况下，都有一个说话者和一个听话者，然而，在生活中还可能会出现另一种情况，即在一些特定的情况下，一些人说话的时候只有他自己一个人，比如说，一个人在马路上走，突然跌倒在一块石头上，他站起来，粗鲁地咒骂着那块石头。在普通人眼中，石头是无生命的个体，对于这一对话来说，不存在听话者，所以就称不上是人际交往，说话者说出来的话也没有显示出社会功能。但事实并非如此。在一个人自言自语的时候，他把自己看作听话者；当他呼天唤地的时候，是把天地作为听话者。语言在接受者存在的前提下，对说话者的主观情感和态度进行表达。由此可见，语言在这种情况下，尽管是一个人，也能够体现语言的社会功能。

②语言是信息传递的工具。在日常生活中，人们通过语言之间的传递从而能够对更多的信息进行获取，然后进行交流以使语言的信息传递功能能够充分体现出来。因此，信息传递是人与人之间最基本的沟通方式，语言的社会功能中最基本的一项功能就是信息传递的功能。

人们通过语言交换信息，能够在社会中对彼此的经验和意见进行分享，从而能够更好地进行合作。相比于一些具有特定社会性的其他动物群体，人类的语言信息传递功能就显得十分优秀。语言的信息传递功能在人类文明发展史上占据重要地位。由于信息是可以进行传递的，知识才得以积累，社会文明才得以进步。正因为信息具有可传递性，才有了知识的积累、社会文明的进步。信息的这种传递性是不受空间和时间限制的，语言所能传递的信息可以是无限的，信息的内容可以跨越时空。不管有多么丰富的信息，都可以通过语言的形式向他人进行传递。

然而，语言只是一个传递信息的工具，许多形式的信息传递可以在语言之外进行。文字是在这些工具中最为常见的。语言不仅没有受到空间和时间的限制，而且文字更能够对这些特征进行表现，所以它们在社会生活中扮演着重要的角色。然而，语言在传递信息的过程中仍然是首要的，其次再是文字。这主要是由于语言比文字的出现要早一些，即使到了今天，没有文字的语言仍更多于有文字的语言。

3. 语言的文化属性

人类文化的发展在很大程度上取决于语言。语言是文化中最重要的因素，也是让文化代代相传的最基本的工程师。语言通常代表一种文化，或者语言是一个国家或地区社会文化的缩影，是人们思想的"直接现实"。例如，英语有丰富的词汇来描述工商业活动，表明了英国和美国的工商业活动非常发达。而在许多工业化程度较低的国家，工商业词汇就非常贫乏。

（1）语言是文化的一部分

一个民族的语言面貌是由该民族的文化所决定的，它是民族文化的一种表现形式。民族文化的价值、观点、准则、习俗等都在民族语言之中烙下深深的印迹。

例如，汉语和英语在亲属关系的称呼上就有明显的差异，汉语的亲属关系称谓较为复杂。英语中cousin可以指汉语中"堂兄""堂姐""堂弟""堂妹""表兄""表姐""表弟""表妹"等多种身份。

此外，汉语同英语大不相同的是，汉民族还要严格区分血亲和姻亲，直至今天仍大体如此。反映在语言上就是，姻亲的只能称"外公、外婆、舅父、表兄、外甥"等，跟血亲称谓绝不能混淆。据此，汉民族文化比较重视宗法关系，重视血亲与姻亲之别。

（2）语言是文化中的一个特殊部分

其他的文化主要是通过语言来记录和反映，它因此成为一套记录文化的符号系统。换句话说，语言是文化的载体，文化的传播、学习、交流、保存和继承乃至文化传统的形成都要依赖语言，这就使文化不可避免地要受到语言的制约和限制。

（3）语言和文化紧密地交织在一起

语言既是整个文化的产物和结果，又是形成并沟通文化其他成分的媒介。一个社会的语言是该社会文化的一个方面，语言和文化是部分与整体的关系。语言作为文化的组成部分，其特殊性表现在"它是学文化的主要工具，人在学习和运用语言的过程中获得整个文化"。任何语言都是用以表达文化的，其背后都潜藏着文化。不同的语言要素反映着不同的文化属性，寓示着不同民族文化心理和不同的文化世界。

所以，我们说语言是文化的一部分，又是文化的反映。语言不能脱离文化而存在，语言和文化相互作用、相互影响。同时，语言是学习文化的工具。

（4）语言促进文化的发展

文化是语言发展的动力，也可以说，语言的丰富和发展是整个文化发展的先决条件。我们可以想象，如果没有语言记录我们祖先的知识和经历，后代将从头开始，社会将停滞不前，更不用说文化发展了。我们还可以想象，如果没有语言作为桥梁，人们之间就不会有交流。人类无法相互吸收先进的知识和经验，这也将影响社会发展和文化进步。

（二）英语、汉语中相同的表达方式

作为文化的一部分语言，英语和汉语之间存在着很多相同的表达方式。

虽然英语和汉语各有自己的文化背景，但由于人类的生活方式、思维方式和思想感情基本上是相同的，因此，不同民族的人们观察事物以及表达思想感情的方式也有很多相似之处，在英语和汉语之间可以找出很多这样的例子。

当然,英语、汉语这种对应的说法在整体中只是极个别的巧合,可以说是"可遇而不可求"的。如遇这种情况，一般都可以互译，保留原文文化色彩。

（三）英汉文化差异在语言上的反映

1. 语言与文化的结构差异关系

中国的许多学者似乎都同意语言结构的所有层面都与文化有关。尽管语言结构的所有层面都与文化相关，但文化对语言的影响并不均衡。反映在词汇（甚至单词）中的是最强、最明显、最突出和最集中的，而在语言和语法中则相对较轻。反映在语言的使用上更加清晰和典型，而反映在语言系统本身上则更加含蓄和隐蔽。语言的产生、发展和变化当然与文化密切相关，但是除了文化因素，还有许多其他因素在起作用。因此，不能过分夸大文化的作用，更别说采取"唯文化论"的立场了。

语言和文化是密切相关的，但是文化是否与语言的各个层面和各个方面都相关，还需要进一步研究。毫无疑问，文化对语言水平和使用有一定的影响，不应该片面否认或夸大语言和文化之间的关系。

文化分为表层结构和深层结构，"硬文化"是文化的物质外壳，即文化的表层结构，"软文化"是文化的深层结构，其中心理积累是最深层的文化层次。对于外国文化来说，外国文化的表层结构，即"硬文化"部分，最容易被理解和接受，而对于深层结构，即"软文化"部分，则不被理解和接受。语言和文化处于文化深层结构的底部，是国家心理积累的重要组成部分之一。几十代人积累的心理习惯以及由此积累在人们心理上形成的概念模式、思维模式和价值标准可以在语言和文化领域找到痕迹。事实上，跨文化交流中最困难的文化障碍存在于隐藏的文化层，揭示这种隐藏文化层的最有效方法是加强对语言和文化的研究，因为即使是最隐藏的文化概念也会在语言中得到反映，也就是说，在语言中留下痕迹。通过对语言的研究，我们可以发现隐藏在民族文化深层结构中影响跨文化交流的消极因素，我们可以了解自己，从而为跨文化障碍扫清道路。可以看出，语言和文化研究对跨文化交流做出了巨大贡献。另一方面，语言和文化尽管范围广、数量大，但与日常生活密切相关。在我们的研究中，我们可以很容易地从一个小地方找到突破，然后一层一层地挖掘，找到最隐藏的文化层，从而从根本上解决影响跨文化交流障碍的问题。换句话说，与其他学科相比，语言和文化研究具有耗时且见效快的特点。无数事实表明，语言和文化研究是揭示隐藏文化层内部结构的捷径。

2. 语言类型和文化类型的分布

一些中国学者认为"语言和文化不是一一对应的，即不是有一种语言，就有一种文化"。语言和文化的发展是相辅相成的，但是语言形式和文化形式基本上是并行发展的,两者之间没有必然的关系。也就是说,一个社会产生什么样的文化类型并不取决于它的语言形式,文化形式的变化不一定导致语言形式的相应变化,反之亦然。两种文化之间以及两种语言之间的关系可能会受到影响、整合和取代。然而,这两种文化之间的关系并不一定会导致语言的相应变化。

分析了语言和文化研究在揭示隐藏的文化层中的作用之后,更容易解决如何对研究进行分类的问题。笔者认为一般有两大类:第一类是针对特定国家的语言和文化研究;第二类是语言和文化的分层研究。在我国的研究中,我们曾经将国际文化分为东方文化和西方文化,或者将世界文化分为团体文化和个人文化,这种划分并非不合理。但是,这种划分经常会陷入误解,因为它机械地采用一刀切的方法来分类民族文化,注重共性而忽视个体差异。事实上,在西方国家,由于国情不同,文化差异很大。尽管同一个国家,比如美国,通常是一个以个人主义为特征的国家,但并不是所有的民族都信奉个人主义。例如,白人和黑人之间的文化差异非常大。属于某一文化类型的国家之间的差异也非常明显。他们属于个人主义国家,但前者信奉垂直文化,而后者信奉平行文化,导致价值观的差异。属于同一群体文化的中国和印度相信平行文化,而后者相信垂直文化。简而言之,不同的国家有不同的国情,比如简单地用一个术语来划分这些国家的文化,并不一定是科学的。因此,在考虑语言和文化的国别研究时,笔者仍然主张按自然国家而不是某个文化术语来划分,以避免误导读者。

二、逻辑与翻译

逻辑指的是思维规律和规则,思维是人类所特有的。简单地说,动脑筋、想问题就是思维。逻辑思维是人类意识活动的高级形式,是客观事物和现象在人们头脑里间接的、概括的反映;它借助于语言,运用概念、判断、推理等手段来反映事物内部的本质联系及其规律。

人们说话、写文章,无非要说明某个问题或者论述某一个观点。说明问题,要尽量说得清楚、准确,首先要思维严密、思想明确。所以我们常会听到这样一些说法:"某人的文章逻辑性很强。""某某的讲话不符合逻辑。"

这就清楚说明了逻辑在语言运用中起着重要的作用。在语言的运用当中(翻译也是语言运用的活动),语法、修辞和逻辑的关系极为密切,它们往往水乳交融在一起。形式逻辑是研究思维在语言中的表现形式,如果语言形式用错了,就不能如实反映说话人的思想。

（一）逻辑与语言的关系

在历史的角度来看，人类正是在语言的帮助下才逐步地在实践的基础上发展了自己的逻辑思维。不论人的头脑中会产生什么样的思想，也不论在什么时候产生，它只有在语言材料的基础上，在语言的术语与词句的基础上才能产生和存在。人的思维与语言有着直接的联系，语言的好坏，也就同"合不合逻辑"分不开了。实践证明，语法、修辞、逻辑是决定语言运用好坏的三个密不可分的主要因素。而逻辑又可以反转来检验语言运用的质量，发现问题。

逻辑是研究思维活动的。思维存在于人们认识过程的理性阶段。思维的具体内容是概念、判断和推理。判断和推理都离不开概念。概念同语言的词语之间有着密切的联系，词语是概念的语言形式，概念是词语的思想内容。这就说明，翻译要做到正确与生动，必须借助于思维的逻辑和语言的逻辑。也就是说，不但思维必须符合逻辑，语言也同样要符合逻辑。

人们思考问题、认识事物，总是要运用概念加以判断、进行推理。在思维过程中，如果概念不清、判断失误、推理有错，就会影响思维的效果，就不能正确认识事物，话就说不好，文章就欠通顺。逻辑可以帮助人们正确地运用语言进行表达，获得预期的效果。

（二）逻辑与翻译的关系

翻译也是运用语言的活动，翻译要达到准确、通顺与形象再现，就离不开逻辑性。翻译的逻辑性也就是合理性，翻译必须合理地运用逻辑思维的形式和方法，使译文达到概念明确、文理通顺、结构严谨，能够起到与原文相同的效果。

翻译过程是一个复杂的心理过程。翻译是一种包括思维过程和表达过程的高度脑力劳动，它经过对原文的文字理解以及对原文思想内容的理解，用原文语言进行思维将所理解的内容形成一个概念或意象，并用译文语言进行思维而形成概念或意象，最后用译文语言将这一概念或意象表达出来。翻译的全过程是一时一刻也离不开逻辑的。匈牙利著名翻译家拉多·久尔吉博士的观点更加明确，他认为翻译是逻辑活动，翻译作品是逻辑活动的产物。

三、修辞与翻译

翻译的使命在于沟通信息、传情达意。它要求译者在使用译语进行表达、再现时，必须在神、形、韵上尽可能地与原文保持一致。英语和汉语属于两个不同的语系，因为双方有不同的历史发展、风俗习惯、生活环境，甚至审美观念，所以在表达相同的观念时，他们经常使用不同的隐喻或修辞格。因此，一些性质相同的修辞格在结构和适用范围上有所不同。研究修辞格的差异有助于我们在翻译过程中正确理解原文，从而在翻译中准确表达原文。如果翻译不能准确地表达原文中的修辞手段，就不能忠实地表达原文的思想、精神和风格。不难看出，英语和汉语都有极其丰富的修辞手段，最常用的英语修辞格可以找到相应的汉语修辞格，它们在结构和修辞功能上非常相似。然而，相似性并不相等，因此，译者下功夫锤炼语言，是保证翻译技巧达到纯熟最重要的环节。

（一）修辞的概念

修辞是运用语言的艺术。人们在表达思想的时候，不仅要求通顺，还需要在通顺的基础上，根据题旨、语境，非常准确而鲜明、生动地表达自己的思想感情，使语言的表达具有感染力。修辞就是调整、润饰语言，换句话说，为了更好地表达思想感情，充分发挥语言的交际作用，根据题旨、情境，选择最恰当的语言形式来加强表达效果的语言活动，就是修辞。

修辞就是运用各种形象性手段和表达方法，把话说得或把文章修饰得更加生动活泼，使语言表达更加准确、鲜明、生动、有力，以加强抒发感情、表达思想的功效。修辞同语法上的各种附加成分的修饰不同。语法的修饰只求对，只求合乎语法的正常规律；而修辞，则不仅要求对，更重要的是要求美，以便对听者或读者产生更大的影响力和感染力。

修辞同语言的各要素——语音、词汇、语法都有着十分密切的关系。毫无疑问，语言形式的选择与加工都离不开词语的增删、换改，离不开句子结构形式的变动，离不开对词语声音的调配与斟酌。修辞必须建立在这些语言要素的基础上，才有"选择"的可能。所以，修辞是对语言各要素进行综合运用的手段。

（二）修辞的原则

调整、修饰语言都是为了符合题旨、情境的要求。题旨、情境是修辞的重要依据。所以，在语言的修辞过程中，必须遵循以下原则。

①必须依据表达的内容和目的进行修辞。

②必须根据具体的语言环境进行修辞。具体的语言环境指的是上下文、场合、对象等。在书面语言中，一篇文章、一部作品是一个完整的统一体，所以修辞还应注意语言的前后照应等方面。

③必须依据语体特点进行修辞。

（三）修辞的范畴

从修辞的范畴来看，人们通常将其分为消极修辞与积极修辞两大类型。陈望道先生在其《修辞学发凡》一书中也提出过消极修辞和积极修辞的问题。实际上，在翻译过程中它们可以视作两个阶段。消极修辞的目的在于使人"理会"，积极修辞的目的是要使人"感受"。因此，积极修辞讲究有力和动人。

积极修辞又可以分为广义修辞和狭义修辞。狭义修辞具体指各种辞格，广义修辞还扩大到文体、题材等。

（四）修辞的翻译

从修辞学的角度看，翻译就是用译文语言形式对原文语言内容进行对应性的艺术转换。这种转换首先应保证正确而忠实地传达原文内容，同时还应调动各种技巧，灵活驾驭译语，再现原文修辞风采，使语言生动有力，具有对等的修辞效果。

四、风格与翻译

探讨风格之前，我们先来辨清另一个重要概念——文体。人们常常将风格与文体混为一谈，因为英语中，这两个概念是同一个词"style"，而且在我国古代这两个词也常指一个意思。《文心雕龙·序志》篇："去圣久远，文体解散，辞人爱奇，言贵浮诡。"此处的"文体"，即风格。但今天，"文体"这一概念已经变得比较清晰了。它专指文章的体裁，是文章的形式因素之一，是文章内容的具体表现形式。从表现手法来看，有记叙文体、议论文体、抒情文体、说明文体；从社会功能来看，有新闻文体、应用文体、文艺文体；从语言风格来看，有政治文体、文学文体、科学文体、公务文体。各类文体在形式结构、语言运用上，都有各自的特点。文体作为艺术形式方面的因素，是研究风格的重要因素之一。

（一）风格的定义

风格一词是多义的，相对于翻译来讲，要对原作的语言艺术负责，因此保持原文的语言特色就是要追求风格上的对应。

语言风格是语言形式与语言内容相统一的体现，具有形与神（形态与神韵）的两重性。翻译时，译文的风格是表现作者、原文的风格，它们既有共性又有个性。翻译必须做到传神达意，体现风格。翻译水平越高，作者的风格就越传真，译者的风格就越传神。

风格是可以转译的，但有难度，译文风格应尽可能与原文风格保持一致。实际上，真正再现原作风格并非易事。译者所能做到的只能是译文尽可能地接近于原作的神韵，如此而已。

（二）风格的可译与不可译

风格可译与不可译，历来是翻译界争论的焦点之一。翻译作品中所体现的语言风格，是作者的风格还是译者的风格？译者要不要有自己的风格？早先施咸荣在《文学翻译杂感》一文中说，"我认为译者只能忠实地表达原作的风格，而不应该有自己的风格"。他的这一观点曾引起译界不小的争论。

1. 风格可译

我们知道，风格由两个重要部分（内容与形式）组成，是二者的完美统一。风格可译必须是内容可感知、形式可转换，二者缺一不可。因此，风格可译的依据有二：其一是风格具有客观可感性，这显然是就风格的内容而言，包括作品所反映的客观现实、所表现的思想观念以及作家个人的审美理想、精神气质等，所有这些都是人们可以认知的；其二是语言的可译性，是就风格的形式要素而论。人类的语言尽管千差万别，但用A语言能表达的，用B语言也能够表达。

在我国，从古人的"依实出华"，到严复的"信、达、雅"，马建忠的"善译"，鲁迅的"保存着原作的风姿"，傅雷的"神似"，钱钟书的"化境"以及后来刘重德的"信、达、切"，周煦良、萧乾、翁显良等人的"得体"，等等，仿佛都以传达原作的风格为翻译的宗旨。

2. 风格不可译

人们常拿萧伯纳的"意之所到，风格随之"来佐证风格是可译的。好像意义到了，风格便能够自然而然地再现。但是，在翻译中，"意"，即原文中的思想内容，虽然是原作者之意，而非译者之意，但当"意"被翻译过来以后，语言表达的风格却未必还是原来作家的。如果是"文如其人"，那么，这里的"文"（即风格）就应该是译者的。就像同一个事件（故事），不同的作者来写，就有不同的风格一样，译者与原作者的风格应该是不同的，他们所处的时代不同，所受的教育不同，社会、历史、文化背景可能都不同，甚至连使用的语言都不同，要使风格（内容与形式）在翻译过程中保持一致，除非风格与语言毫不相干。但问题是，风格是用语言来表现的，没有语言，就没有风格可言。文学这东西就是这么奇妙，同一种意义，你可以用不同的词序来排，其中千变万化。而每一种次序都反映排序者的一种心理定式，该定式因人而异，独具个性，变成风格，故此处的风格应是执笔者的。操源语的，便是源语作者的风格；操译入语的，便是译入语译者的风格，此风格非彼风格也，二者应既有联系，又有区别。

第三章　多元文化下的语言差异

从语言的结构来看，语言中大量俗语、成语、俚语、谚语等都蕴含着丰富的文化信息。文化与语言的形成密切相关，文化是语言形成和发展的基础，没有哪种语言能脱离文化而存在。生活在不同的文化背景下的人们会产生不同的语言交际，只有了解文化差异，才能成功进行交际。本章主要阐述多元文化对语言的影响以及中西语言交际比较。

第一节　多元文化对语言的影响

一、文化和语言的关系

（一）文化对语言的影响

文化影响语言的含义和结构。文化的动态特征会推动语言发生变化。随着社会的不断发展，白话文、汉语拼音、简化字、普通话等，让汉语发生了巨大变化。新事物、新思潮的出现，外来文化的影响，也使很多词汇的意义发生巨大变化。

不管是在汉语还是在英语中，这样的例子俯拾皆是，不胜枚举。英语中很多词汇随着时代的变迁被赋予了新的意义。例如，"Happening"旧用法指"一次事件"，新用法指"哈普宁艺术"，"bug"原指"虫子"，现在的意思是"硬件或者软件中的漏洞（缺点）"，"hit"原指"打击"，现在的意思是"点击（进入某个网站）"等。英语中描写新文化现象、文化潮流、时代特征的词汇也很多，如hippy（嬉皮士），yuppie（雅皮士）。文化创造了这些词汇，同时这些词汇记录了文化，并反映了当时的文化特征。

（二）语言对文化的影响

1. 语言影响文化

语言是思想的直接体现，特别是词汇最能敏感地反映生活和人类思想的变化。由于语言或词汇受文化的影响，所以用于表达的语言或词汇也必定深深打上了该文化的烙印，附带有其文化的含义或引申意义。正是借助语言，文化的各个组成部分——政治、法律、教育、风俗习惯、艺术创造、思维方式等才得以薪火相传，代代不息。

文化是语言发展的动力，语言是文化发达的前提。如果没有语言记载祖先的生产和生活经验，后代的一切都要从头开始，社会就停滞发展，文化也不会发展。如果没有语言，不同民族就不能进行交流，不能相互吸收和借鉴经验，就会影响社会的发展和文化的进步。

2. 语言反映文化

语言是文化的镜子，它直接反映了文化的现实和内涵。文化的外观可以反映在语言之中。特定社会中的语言是这种社会文化不可分割的一部分，每种语言的差异将反映语言使用社会中事物、习俗和活动的重要文化特征。词汇是形式和意义的统一，其意义主要分为两类：指示意义和引申意义。前者指词语的字面意思，后者指词语的隐含意义，即词语的文化内涵。前者相对固定，而后者包括引申意义或联想意义。语言词汇反映并受制于不同国家或民族的政治、地理、价值观、习俗、文化心理等。

文化的形成受到生存环境的影响。特定的文化反映到语言中，就形成了独特的语言表达形式。例如，因纽特语中描写雪的词汇很多。因纽特人用不同的名词来表示"地上的雪""正在落的雪""正在堆积的雪"和"堆积的雪"等，这是因为他们居住在寒冷地带，不同形式的雪对他们的生活（旅行、狩猎娱乐及其他活动）起着十分重要的作用。而英语中表述雪的词只有一个"snow"，阿拉伯国家的语言中根本没有雪这一个词，因为那里不下雪，人们对雪是陌生的。再如，英语中的习语"sudden as April shower"的意思是"骤如四月阵雨，突如其来"。对中国人来说，这听起来肯定是 7 月和 8 月的夏雨，而不是 4 月的春雨。这两种对四月雨的不同看法是由于两国地理位置的不同。中国和英国分别位于东半球和西半球。中国大部分地区位于内陆，主要是温带大陆性气候，而英国是一个被海洋包围的岛国，主要是温带海洋性气候。这就形成了中国 7 月份有阵雨，而英国 4 月份有阵雨的气候差异。

语言是民族文化的载体，反映了民族心理，如伦理、价值观等。例如，"嫂子"翻译成英文是"sister-in-law",但是这两个词的词义不完全对等。"嫂子"指哥哥的妻子,"sister-in-law"表示兄弟的妻子。从形态特征来看,"嫂子"一词源于"叟",指的是老年人。可以看出,"嫂子"这个词反映了中国家庭伦理中对长辈和晚辈的严格区分,体现出长兄为父、长嫂为母的等级制度。而在英语中,"sister-in-law"的意思是姐妹,体现出英语文化看待婚姻亲属关系的民族心理。

语言是文化的一个组成部分,语言记录文化、继承文化、反映文化。这两者密切相关,相辅相成。语言不仅是人类社会交流的重要工具,也是文化的突出部分。不同民族的语言不仅受其自身社会文化的制约,还反映了其特定的文化内容。如果一个民族的人不了解另一个民族的文化因素,那么有效和顺畅的交流将是不可能的。

二、影响语言的文化因素

(一)历史文化

一个民族的历史是其社会发展的真实记载。民族历史中记录了一个民族的社会变迁,蕴含着丰富的文化内容,反映到语言上尤其明显。

历史典故中蕴含着丰富的历史文化内涵。在日常生活中,人们经常不自觉地说出一些历史典故。例如,汉语民族会说"马后炮""纸上谈兵""一不做二不休""步步为营"等,英语民族会说"That's all Greek to me."即一窍不通。

各民族由于历史文化不同,会对其他民族的历史典故相当费解。汉语中的历史典故多来自民间传说、名著和传统体育娱乐项目等,英语中的历史典故多源于神话、传说、宗教故事、传统体育项目等。

虽然英汉语言中的历史典故都有其各自的民族渊源,几乎没有什么相同之处,但是仍旧可以从中找到一些相似的历史典故进行比较。例如,汉语中的"怒发冲冠"形容极端愤怒;英语中的"one's hair stands on end"形容极度恐惧,这个典故描写了一个名为普罗波特的人,他因偷马被判绞刑,这个词描绘了他在绞刑架上的表情。汉语中的"怒发冲冠"出自《史记·廉颇蔺相如列传》,赵国使臣蔺相如带和氏璧去秦国换15座城,但他在献和氏璧时,秦王拒不给城,相如怒发上冲冠。由于这个历史典故,汉语中"怒发冲冠"表示极度愤怒。概念意义相似的两个历史典故,但却具有不同的内涵意义,汉语中因"怒"而头发竖立,英语中则因"惧"而头发竖立,由此可以看出英汉文化的差异。

再如,夏日夜空中白色带状的繁星群给英汉民族带来完全不同的联想。

英语中叫作"the Milky Way",而汉语中叫作"银河""天河"。"the Milky Way"来源于希腊神话,有两种含义,一种是人间通往宇宙宫殿的一条乳白色大道,另一种则是天后赫拉给大力神赫拉克勒斯喂奶时滴下的奶汁凝成的一条路。在汉语中,提起"银河",人们便会联想到民间传说牛郎织女相会,"银河"是一道难以逾越的天堑。

此外,中国历史上曾战乱频繁,汉语中存在许多军事的词语,如草船借箭、暗度陈仓、临阵脱逃、运筹帷幄、逼上梁山、背水一战、重整旗鼓等。西方历史上也曾战乱纷争,英语中也存在大量军事的习语,如"meets one's Waterloo",出自拿破仑的滑铁卢之战,寓意一败涂地。

(二)地理环境

中国属于温带大陆性气候,四季分明,夏季炎热,冬季寒冷。在汉语中,"酷暑难熬""夏日炎炎""烈日当空""骄阳似火"等是对夏季最恰当的描绘。而英国属于温带海洋性气候,夏季温和怡人。在莎士比亚的《仲夏夜之梦》中,他将夏夜描绘得温婉美丽,在十四行诗中,更将爱人比作夏日,温煦而可爱。夏季给英汉民族带来的联想完全不同。

在英国,人们见面时喜欢讨论天气,如"Lovely weather, isn't it?"因为英国为温带海洋性气候,天气极易变化,阴雨天多,人们便经常谈论天气。在中国,人们见面时喜欢讨论吃饭的话题,见面时喜欢问"吃饭了吗?"。因此,汉语中有关吃饭的词语十分丰富,如"大快朵颐""细嚼慢咽""狼吞虎咽"等。

中国为农业古国,农业人口众多,汉语有许多与农业相关的词语,如"揠苗助长""五谷丰登""春华秋实""根深蒂固"等。英国为岛国,四面环水,航海业和捕捞业是英国人的重要生产行业,因此英语中有许多与海相关的词语。而中国大部分地区与内陆接壤,只有沿海地域才发展捕捞业,所以与捕捞相关的词语相对较少。中国内陆远离海洋,对大海有一种神秘和敬畏的感觉,因此汉语中有"海阔天空""海市蜃楼""海枯石烂""海底捞针"等词汇。

(三)思维方式

中国传统文化注重伦理道德,而儒家思想则把这种伦理道德内容理论化了。儒家思想维护"礼治",提倡"德治",重视"人治",因此形成了重道轻器、重人文轻科学的思维传统。儒家思想对于中国人的一个重要的影响就是重宗族和宗族关系,重视辈分尊卑。所以在汉语中,体现辈分的亲属称谓要比英语中复杂得多。

例如,凌风和赵明是表兄弟。凌风的父亲是赵明的舅舅,赵明的父亲是凌风的姑父。如果翻译成英语，则是：Ling Feng and Zhao Ming are cousins. Ling Feng's father is Zhang Ming's uncle who is the brother of Zhao Ming's mother. Zhao Ming's father is Ling Feng's uncle who is the husband of Ling Feng's father's sister.

这些复杂的关系对于中国人来说是小菜一碟，而对于英美人来说就比较费解了，要花很大工夫才会弄明白他们之间的关系。在英美人看来，舅舅和姑父都是"uncle"，如果要加以区分的话就在"uncle"后面冠以名字，如"Uncle A"或"Uncle B"。

英美人由于其特殊的海洋性的地理环境，形成了一种不同于中国的文化，他们更加倾向于传统的探索自然的认知。简单来说，英美传统文化就是在人与自然的对立关系中不断加深对世界的认知。他们思维的中心在于认知自然，追究宇宙起源，探索万物本质，分析自然构造，寻求物质元素，探求人生目的。因此，在这样的传统之下形成了重科学、重认知的思维方式。

中国传统哲学强调思维上的整体性，一般把天、地以及人都看作一个统一的整体，所以形成了"天人合一"的说法。所以中国人在思考问题的时候一般都从整体出发，全面观察事物，从而发现事物各方面的对应、对称和对立。强调整体的思维方式对汉语产生了一定的影响，使得汉语力求全面、周到，突出一个整体的框架，汉语词语的意义在很大程度上也是由上下文决定的，在整体中反映。西方人虽然有时也会强调整体性，但是他们更关注的是整体中的个体，提倡个体主义。亚里士多德主张事物的本质存在于"一般的个体"中，不能脱离个别而存在，这对于现在西方人的思维产生了深刻的影响。

汉语注重句子内部和句子之间的内在联系和整体性，依据意义上的连贯，句子之间可以少用或者不用连词，充分体现了中国人的整体思维方式。汉语中关系模糊的句子之间，会添加各种关系连词。英语注重语言形式上的连接和完整，具有很明显的形式结构，以求个体的满足和完善。

在中国传统哲学文化中，比较缺乏认知理性的概念，更注重的是悟性、直觉，少有涉及思维的逻辑性和抽象性；而西方哲学则比较关注理性认识，重视分析，注重实证，侧重通过大量实证的分析得出科学、客观的结论。汉语的直觉性在文言文中体现得尤为明显。

中国人重直觉，所以汉语的语法显隐性，比较模糊；而在英语中，人们重视实证和逻辑理念，具有严谨的语法形式。中国人重形象思维，英美人重逻辑思维。简单来说，形象思维是用直观形象和表象来解决问题的一种思维方式；逻辑思维则是人们在认识过程中借助概念、判断、推理等思维形式能动地反映客观现实的理性认识过程，又称为理论思维。

中国人形象思维的表现方式最为明显的就是古代的象形文字，这是世界上最早的文字，也是最形象的，演变至今保存最好的一种文字。我国之前所用的繁体字就是由象形文字演变而来的，很好地体现了形象思维。例如，"马"的繁体字"馬"，就像极了一匹有马鬃和四条腿的马；"龟"的繁体字"龜"，也像极了一只龟的形状；"门"的繁体字"門"，就是左右两扇门的形状。相反地，西方人注重逻辑思维，一般经过表象感觉后，逐步开始判断、推理，进而上升到抽象的逻辑思考。在形象思维的影响下，汉语更倾向于用具体想象的概念来代替一个抽象的内容。

（四）价值观念

民主观念：中国人注重精神自由，将民主和自由当作君主权贵的赏赐，因此中国人总是期望出现清官，以为人民谋求福利。西方人则认为政出于民，政权只是人民赋予的、让政府行使的一种公权。

科学观念：中国强调先人的经验和权威，相信古人甚至超过今人，缺乏探索和创新精神；而西方注重实证，强调理论和实践，主张理性思维，极具探索精神，通过对科学成果的推广，最终建立起完整的科学体系。

道德观念：西方主张个体本位，而中国主张群体本位。中西方的道德观念存在差异，使得中西方的道德规范和伦理体系也呈现出不同的特点，具体表现在以下方面。中国强调中庸，西方强调竞争；中国强调人伦，西方强调契约；中国注重人情，西方注重理智；中国从性本善出发强调个体的道德修养，而西方从性本恶出发强调个体的道德教育。

法治观念：中国强调道德，用道德、礼仪来约束人，通过先贤的教诲来提高自己的道德修养，主张克己复礼，容易丧失独立人格，压抑人的欲望。西方则认为人的欲望不应该被压制，对个人的约束以及社会的规范，主张运用法制，即通过制度、机构等来进行制约，而不是运用道德。

处事观念：中国人主张中庸思想，强调修身养性，喜欢"每日三省吾身"，注重自省、内敛，使得思想较为保守，缺乏开拓和创新精神。西方人强调个人价值，主张竞争，在为人处事面前以己为先，热衷于公益事业，通过服务社会来实现个人价值。

对于中西文化，在具体事例上，也可以发现许多不同之处。例如，对于别人的夸赞，中国人喜欢谦虚，而西方人则表示感谢；对于时间，中国人多用少许、片刻之类的词，西方人总是要弄清几时几刻；对于吃饭，中国人喜欢劝客人多吃，西方人不督促，尊重个人意愿；对于菜式，中国人讲究色香味俱全，注重形式的美感，西方人更注重营养；对于吃饭方式，中国人围成一桌共同吃饭，西方人将食物分成小份。

三、多元文化下的语言表现

（一）动物词的文化意象

从动物的基本属性去认识动物，英汉两种文化会产生相似或相反的联想，由此产生相似或相反的文化内涵。

在汉语中，"驴"主要形容那些愚蠢、没有头脑的人，如"驴唇马嘴""黔驴技穷"等。在英语中，"donkey/ass"具有相同的文化内涵，如"make an ass of oneself"，即干傻事的意思。

在汉语中，"狼"具有贪婪的本性，有"狼心狗肺""狼吞虎咽"等成语。在英语中，"wolf"也有这种文化内涵，如"a wolf in sheep's clothing"，即披着羊皮的狼，"Don't wolf down your food."即不要狼吞虎咽。

在汉语中，"老鼠"用来形容人胆子小，如"胆小如鼠"。在英语中，"mouse/rat"也具有相同的文化意象，如"He is as timid as a mouse."。老鼠由于体积较小，行动灵巧，在汉语中还用来形容人行动诡秘，蹑手蹑脚，英语中也有同样的文化意象，如"as quite as a rat"。

在汉语中，"喜鹊"具有吉祥的象征意义。在民间传说中，每年的七夕，喜鹊会飞上银河搭成鹊桥，让分离的牛郎和织女相会。在英语中，"magpie"则用来形容喜欢饶舌的人。

在汉语中，"蝴蝶"是美的化身，具有幸福的象征意义，是不死的灵魂。中国古代梁山伯与祝英台的悲剧爱情故事以双双化蝶为结尾。在英语中，"butterfly"则用来形容做事没有恒心的人。

汉语中的一些比喻来源于英语，如"一石二鸟"就是来源于英语的"kill two birds with one stone"。由于英汉语言的文化背景存在巨大的文化差异，可直接移植的情况较少，一般情况下会借助归化的手法。例如，形容人顽固，汉语会说"犟得像头牛"，而英语会说"as stubborn as a mule"，即顽固得像头骡子。再如，形容着急，汉语中会说"热锅上的蚂蚁"，而英语通常说"like a cat on hot bricks"，即热砖上的猫。归化后的词语保留了语言含义，但其原本的文化信息丢失，而是选取了目的语更容易理解的信息。

在汉语中，"大雁"用来代指思乡、思人，我国古代就有鸿雁传书的说法。在英语中"wild goose"却没有丰富的文化内涵。"beaver"在北美是一种常见的动物，它们不停工作，每天都很努力地建房子。因此，英语中用"eager beaver"来形容那些兢兢业业、勤奋努力的人。但在汉语中，河狸并不常见，没有特别的象征意义，不能引起人们的联想。

（二）色彩词的文化意象

1. 红色

（1）红色在汉语中的文化意象

①象征吉祥、喜庆、欢乐、幸福。红色是一种古老的颜色，是火和血的颜色。在重大的节日和重要的时刻，人们都喜欢用红色来进行装饰，增加吉祥喜庆的氛围。例如，春节时，人们要在门口挂红灯笼、贴红福字和贴红对联，放红鞭炮，穿红衣服，给小孩子发红包；结婚时，新娘和新郎要穿红衣服，用红纸写婚书，新房贴红喜字。由此可见，红色是最容易表达喜庆的颜色。

②象征成功、顺利、欢迎、受人重视。中国是一个崇尚红色的国家，在开业和庆典活动中，都会贴红幅、铺红毯、贴红字，期望事业顺利。在汉语中有许多相关的词语，如开门红、走红、事业红火、红得发紫等。

③象征革命、政治。由于红色是血的颜色，而革命或政治的胜利往往需要流血牺牲。中国用红色来代表革命，汉语中的词语"红旗、红军、红色根据地、红色政权"等都表示了这一含义。

④象征忠诚、忠贞。红色自古以来就是忠贞、忠诚的代表。汉语中"赤胆忠心"中的"赤"就是红色。

⑤象征漂亮、美丽。在中国，红色是非常受人们喜爱的颜色，所以人们喜欢用红色来表示美好的事物，如红颜、红袖、红装等。

⑥象征健康、气色好。汉语中常用红色来形容人的气色好，身体健康，如面色红润、满面红光等。

⑦形容气愤、急躁、害羞、窘迫、羞愧等情绪。汉语中常用红色来表达某种情绪，如羞红了脸、面红耳赤等。

⑧象征危险、禁止。由于红色穿透力强，感知度高，极为醒目，交通信号灯就用红灯来表示禁止通行；教师用红笔批改学生的作业，提醒学生进行修改；预警中的红色是最高等级。

（2）红色在英语中的文化意象

①象征血腥、危险、灾难、残忍。西方人认为红色给人不安定的感觉，因此"red"常与战争、血腥和暴力等联系在一起，如"a red battle"（血战）、"red revenge"（血腥复仇）等。

②象征愤怒、恼怒。在西方传统文化中，人们喜欢斗牛活动，斗牛士会用红布来让牛发怒，由此引出了"red"的恼怒、愤怒的意思。例如，"see red"（突然发怒、火冒三丈）。

③象征亏空、负债。西方人记账时用"red"来表示亏欠，于是"red"就有了亏空、负债的含义，如"in the red"（亏损）、"red figure"（财政赤字）、"red balance"（赤字差额）等。

④象征健康、气色好。英语中红色具有身体健康、气色红润的象征意义，如"as red as a rose"。

⑤象征吉祥、喜庆、幸福、欢乐。红色在英语中也有这层文化意义，如"a red-letter day"，西方人习惯用红色在日历上标出节日，表示吉祥日。

2. 黑色

（1）黑色在汉语中的文化意象

①象征正直、刚毅、严正、无私。在中国，黑色代表严肃、庄重，因此常用黑色来象征人的严正、刚毅和无私。这一点在戏剧脸谱中表现得十分明显，如包拯、尉迟恭以及李逵等都是黑色脸谱。

②象征黑暗、腐败。在中国民间传说中，阴曹地府是暗无天日的，所以也黑色用来象征残酷统治。

③象征狠毒、邪恶。在汉语中，黑用来形容人的心肠很坏，如黑心肝、黑心眼、下黑手、黑心烂肺等。

④象征秘密、非公开、非法。在汉语中，"黑市"是非法买卖的场所，"黑店"是欺骗人的店铺，"黑户"是没有法定身份的人，"黑货"是违反法律的货物，"黑帮"是进行不法勾当的团体。

⑤形容愤怒、生气、气愤、耻辱。在汉语中，黑色也用来表示人生气、愤怒的情绪，如黑脸。

（2）黑色在英语中的文化意象

①形容消极、忧郁、低落、沮丧。在英语中，"black"有情绪低落的含义，如"a black day"（倒霉的日子）、"black browed"（愁眉苦脸的）等。

②象征不道德、邪恶。在英语中，"black"也具有形容人心肠坏的含义，如"black sheep"（害群之马）、"black-hearted"（心肠歹毒的）等。

③象征盈利、有盈余。西方人在记账时用"black"来表示盈利，如"in the black"（盈利）。

④象征不正当、非公开、秘密、非法。在英语中，"black"也有这层象征

意义，如"black market"（黑市）。

⑤象征恼怒、气愤。英语"black"也具有与汉语黑色相同的文化意象，如"black in the face"（脸色铁青）。

3. 白色

（1）白色在汉语中的文化意象

①象征死亡、凶兆。在中国文化中，白色象征死亡、凶兆。例如，丧事又称作"白事"，死者家人要穿白色孝服。

②象征奸佞、阴险。在中国文化中，白色还具有阴险、奸佞的象征意义。例如，在戏剧中，白脸就代表奸诈的角色。

③象征清楚、明白。白色还具有清楚、明白的象征意义。例如，"告白"具有述说明白、解释清楚的含义；"真相大白"是发现事情的真相。

（2）白色在英语中的文化意象

①象征幸运、有益。在西方文化中，白色具有幸运、有益的象征意义。例如，"a white lie"的含义为"善意的谎言"。

②象征合法、正直。例如，"a white spirit"（正直的精神）、"white hand"（廉洁、诚实），等等。

4. 蓝色

（1）蓝色在汉语中的文化意象

汉语中的蓝色最初指蓼蓝这种蓝色植物染料。在汉语中，不仅"蓝"表示蓝色，"青""苍""碧"也具有蓝色的含义，因此有"青出于蓝"的说法。

古代低级官员和儒生穿蓝色衣服。宝蓝色和品蓝色在明代极为流行。清代的官服为蓝色或石青，三品官员戴明蓝顶，六品以下官员受赐可戴蓝翎。从蓝色服饰的穿着范围，可以看出蓝色在人们心中的地位。

汉语中的"蓝图"具有两种含义，一种是建设计划，另一种是用感光后变成蓝色的感光图纸。"蓝本"是指原始资料，即底本。

（2）蓝色在英语中的文化意象

①象征忠诚、高雅、和平、永恒。在葬礼中，"blue"对神来说象征永恒，对死者来说象征不朽。在艺术中，圣母的蓝衣服象征端庄，天使的蓝衣服象征信任。淡蓝色用来表示和平。在西方，"blue"还象征对美好前景的追求。

②象征忧郁。在英语中"blue"具有忧伤的象征意义，如"look blue"（神色沮丧）、"cry the blues"（情绪低落）等。

③象征地位、权势。"blue"在英语中用来表示有权势、社会地位高的贵族，

如"the blue blood"（贵族出身）、"blue book"在美国是刊载知名人士的书。"blue-eyed boys"指"受到管理当局宠爱和特别照顾的职工"。

5. 黄色

（1）黄色在汉语中的文化意象

①象征尊严、权利。中国人是黄种人。黄色是中国的象征，是中华民族的本色，是汉民族崇尚的颜色，至今中华民族还自称"炎黄子孙"。在中国古代，"五方"中的中央和"五行"中的土都用黄色来表示。中华民族文化的发源地之一是黄河流域。从古代开始，中国人就居住在黄河流域，在黄河流域繁衍生息，饮黄河水，耕种黄土地。因此，中华民族十分崇尚黄色，黄色后来逐渐演变为权贵的颜色，象征权利，代表帝王的至高无上。例如，古代帝王穿的衣服叫作"黄袍"，天子的仪仗叫作"黄钺"，仪仗所用的族旗叫作"黄麾"，帝王的文告叫作"黄榜"，那些黄榜上的进士也被叫作"黄甲"。

②象征财富、金钱、珍贵、宝贵。金子是黄色的，而且十分珍贵，因此在汉语中人们习惯用黄色来表示珍贵，如黄金地段、黄金时间等。

③象征吉利、幸运。在中国古代，人们将不同日期分为"黄道吉日"或"黑道凶日"，黄道吉日就是诸事皆宜的日子。

④象征丰收、成熟。农作物成熟一般是黄色的，因此汉语中用黄色来表示农作物成熟，如麦子黄了、稻子黄了等。

⑤象征色情、低俗。在汉语中，黄色具有低俗、色情的含义，如黄色杂志、黄色书刊等。

⑥象征衰败、萧条。秋天植物会变黄，木黄叶落，给人萧瑟的感觉，因此人们用黄色来表示萧条、忧伤，如明日黄花、事情黄了等。

⑦形容幼稚、不成熟。在汉语中，黄色常用来形容人年轻，没有经验，如黄口小儿、黄毛丫头等。

（2）黄色在英语中的文化意象

①象征怯懦、胆怯、卑鄙、猜疑、背叛。英语中的这些文化含义主要来自宗教传说，"yellow"被赋予卑鄙、怯懦之意，如"yellow streak"（胆怯）、"yellow-livered"（胆小的）等。

②象征警告、危险。黄色由于鲜艳夺目，在西方常被用作提醒人们注意的颜色，如"yellow light"（黄灯）、"yellow card"（黄牌）等。

③象征庸俗、低级。与汉语中黄色表示色情的含义不同，英语中的"yellow"是指为博人眼球而用捏造事实或用极度夸张的手法来渲染新闻的报道，吸引人

眼球的低级趣味文字等。

④象征财富。在英语中，"yellow"还可以代表财富，如"yellow boy"在英国代表金币。

6. 绿色

（1）绿色在汉语中的文化意象

在中国的传统文化中，当妻子红杏出墙、有了外遇时，其丈夫就会被讥诮为"戴绿帽子"。因此绿色象征着妻子对丈夫的不贞，这是汉语中的禁忌语。

（2）绿色在英语中的文化意象

在西方文化中，绿色的象征意义以褒义为主，主要包括以下四个方面。

①象征新鲜。例如，"a green wound"（新伤口）、"keep the memory green"（永远不忘），等等。

②象征青春、活力。例如，"in the green wood"（在青春旺盛的时代）、"a green old age"（老当益壮），等等。

③象征钞票。例如，"greenback"（美钞）等。

④象征稚嫩、幼稚、缺乏经验。例如，"a green hand"（生手），"as green as grass"（幼稚），等等。

（三）植物词的文化意象

自然界中的花草树木是文人墨客历来颂歌的对象。从《诗经》开始，我国古代开始将花卉写入诗，借花言志、以花喻人在我国成为一种非常普遍的文化现象，汉语中的许多植物开始具有丰富的文化内涵和象征意义。在西方，受历史文化和神话故事的影响，西方人对植物的情结同样强烈。由于中西双方处于不同的社会环境，关于植物的文化内涵具有很大的差异。对植物的不同联想体现出中西方不同的民族特性和审美趣味。英汉民族由于具有相同的生理机制和思维能力，具有相同的认知规律，英汉民族对植物的文化内涵也具有一定的相似之处。

在汉语中，"月桂"象征荣耀和胜利。古代人将月桂编织成"桂冠"，献给具有最高荣誉的人，"桂树"寓意长寿，"丹桂"代称月亮，"蟾宫折桂"喻指科举及第。在英语中，"laurel"也象征胜利和荣耀。古希腊人也将月桂枝编织成桂冠，授予竞赛的胜利者。英语中"win one's laurels"意为赢得荣誉，"rest on one's laurels"喻指安于成就、不思进取。

在汉语中，"桃"表示长寿，"桃李"喻指"人才、弟子"，也喻指女子的"美貌、美色"。在英语中，"peach"指"美人"又指"极好的事物"。"peachy"

的含义除了"桃红色的"外,还有"极好的"之意,如"Everything looks just peachy."（一切都看起来非常好）。

此外,随着英汉文化的不断交流和融合,一种文化中的一些植物的文化意象已经被另一种文化所接受。例如,英语中"olive"（橄榄）象征和平,"rose"（玫瑰）象征爱情、幸福等,都已经被汉语认同。由于英汉民族的社会文化背景不同,对植物观察的角度和侧重点也不尽相同,由植物所联想到的文化意象不同,所产生的情感也不同,这种情况主要分为以下三类。

第一,一种植物在一种语言中具有独特的文化意象,但在另一种语言中却没有任何特殊性。例如,在汉语中,"四君子"梅、兰、竹、菊,象征品质高洁;"岁寒三友"松、竹、梅,象征顽强高洁;牡丹国色天香,象征富贵荣华。中国人对这些植物有着独特的情感,但西方人却难以理解这种情感。

汉语中一些植物名称的谐音也赋予了其独特的象征意义。例如,杏和幸福的"幸"谐音,便具有幸福的象征意义;枫叶的"枫"和"封"谐音,有受封的含义;水仙的字面意义为水中的仙人,在春节前后开花,是来年走运的标志。英语由于与汉语的发音方式不同,很难理解这些独特的文化意味。

英语中的"olive"（橄榄）、"oak"（栎树）、"tulip"（郁金香）、"palm"（棕榈树）、"lily"（百合）、"rose"（玫瑰）等具有独特的象征意义,文化内涵丰富。例如,"palm"象征胜利,"carry off the palm"意为得奖、获胜,"yield the palm to somebody"意为向某人认输;"oak"象征顽强、勇敢,"a heart of oak"形容人勇敢坚强,"Oak may bend but will not break."喻指像栎树一样坚韧刚强。受地理环境和气候条件的影响,这些在西方常见的树木在中国却很少见,如果缺乏对英美文化的了解,就不能了解其蕴含的文化内涵。

第二,一些植物在英汉文化中的文化意象不完全对等,其象征意义可能部分重合或部分错位。例如,"百合"在汉语和英语中都象征纯洁,但在英语中"lily"还象征美貌,如"lilies and roses"（花容月貌）。

第三,一些植物在英汉文化中引起的联想不同。例如,汉语中的"红豆"与英文中的"red bean"字面意义相同,但其文化意象却大相径庭。汉语中的红豆象征思念和爱情。但在英语中"red bean"象征见利忘义,如"sell one's birthright for some red bean stew",是指为了眼前的微小利益而出卖原则。

（四）数量词的文化意象

一般情况下,汉语中的基数词与序数词有明确的形态标志,如第一、老二、三个、四种等,但有时形态标志会不明确,如一等奖、二年级等。特别是在称谓中，汉语使用基数词来表示序列或排行，如二姐、三哥、二舅、五姨、二婶等，还有一些直接以排行作为称谓，如二儿、三儿等。

英语中的基数词和序数词有明确的形态标志，没有将数量词用在称谓中的用法。汉语中用一日、两日表示序数，用一者、二者、三者等表示列举。在英语中则要用序数词，表达为"the first group""the second group""the third group"或者直接用"first""second""third"。

在汉语中，分数直接用数词来表示，如十之八九、十之一二等。在英语中，分数使用基数词来作分子，用序数词来作分母，如 one third（三分之一）、two fifths（五分之二）等。

汉语中很多数词表达的并非实际的数字概念，比如，"过两天再说"中的"两"不一定指的是两天，这就是令很多外国人纠结的地方，认为中国人说话"两个比三个多"。一些惯用法、成语中的数字也属虚指，如家徒四壁、君子一言、驷马难追、千呼万唤、万一、三思等。英语中也有此类虚指的数字。例如，"I wonder why you never put two and two together to make some changes."（我想知道你为什么从来不根据事实来推理，从而做出一些改变）。

数字的虚指往往是一种修辞手段，如汉语中含有数词"十""百""千""万"的历史典故、名言警句和诗词歌赋等具有强烈的夸张色彩，如海纳百川、百毒不侵、千方百计、千载难逢、万无一失、万事俱备、万紫千红等。英语中的 hundred、thousand、million 等表示满数的词也常用来表示夸张。除了用这些常规满数外，汉语还常常借助"三""五""六""九"等非常规满数来表示夸张，如三番五次、三头六臂、九鼎一丝、九牛一毛、九死一生、九曲回肠等。英语中也有用 three、nine、dozen 来表示夸张的实例。

汉语中还习惯用数字加名词的方式来表示高度概括的概念，如"双百方针"等，在英语中这种用法却很少。

第二节 中西语言交际比较

一、中西称呼语比较

称呼语是称谓的言语形式，是说话人在交际过程中用来称呼对方或提及他人时的称谓。称呼语可以是一个词语也可以是其他形式。称呼语主要分为六类，包括姓名、亲属称谓、头衔、代词、零称呼、其他类型（名词词组、不定代词和名词性分句等）。英汉两种语言都存在这六种称呼语形式。称呼语的使用会受到多种因素的制约,如语境、年龄、性别、身份、亲疏程度等。

在汉语的称谓语中,年龄和辈分起到重要的作用,特别是对亲属、师长以及邻里的称呼上,年龄和辈分几乎是唯一的决定因素。在英语的称谓语中,年龄和辈分只在亲属关系中高出一辈及以上的人才起作用,但不是绝对意义上的作用,对朋友、同事等其他社会关系中年龄和辈分较高的人可以直接称呼姓名,而不用尊称。如果职业、地位与年龄发生冲突时,以职业、地位优先。例如,在美国,某人以前是某位教授的学生,毕业后在本校留任教师,成为该教授的同事,这个人对教授的称呼就会从"某教授"改称教授名字。也可以说,交际双方之间的亲疏程度可以抵消在年龄和辈分上所起的作用。在中国,即使该学生成为教授的同事,甚至成为教授的上级,也仍旧保持原来的称呼,如保持"某老师"不变。

在英语民族中,直接称呼名字(First Name 或 Given Name)在朋友、同事、同学、邻里、上级对下级、长辈对晚辈中非常常见,体现出亲切、友好和随便。有时甚至可以直接称呼上级或长辈的名字,但这并不是不恭敬的表示,而充分体现出一种平等友好关系,这一点与我国不同。

在汉语的称呼系统中,亲属称谓占据重要地位。在《中国人的各种称谓》一文中,赵元任共列举了114种关于亲属的称谓,每一种称谓还有正名称、直称和较为文气的称呼之分,这体现出中国大家庭的现实。在汉语中,人们还经常用一些亲属称谓词去称呼一些没有亲属关系的人。

在汉语中,头衔称呼非常常见,尤其是官衔称呼,如王局长、李经理、张校长、刘班长等。而且出于"水往低处流,人往高处走"的社会心态,人们经常将官衔中的"副"字给省略掉。在西方很少有官衔称呼。

汉语的称呼系统较为复杂,有些汉语的称呼语在英语中找不到对应的称呼形式,如同志、师傅、老刘、王局长、小张等。有些称呼语虽然有对应的称呼形式,但含义也存在一定差异。例如,先生和小姐。在中国的正式社交场合中,小姐和先生是尊称,但在英语中则是一般的称呼语。在交际场合中,小姐还可能产生骚扰的含义。再如,"小刘""老张""李老""老总",在汉语中"小"和"老"代表了友好、亲切、尊敬、喜爱,但在西方,"老"却会让他们相当不愉快。

文化的深层结构会影响和制约其表层结构,如价值观念、思维方式等会影响建筑风格、服饰风格等。一种文化所具有的文化模式特征,会影响人们的认知和行为模式。英汉语言在称呼语上的差异主要来源于两种文化的深层结构差异。

首先，英汉文化中关于人的本质的界定存在很大差异。汉语文化习惯将人看作一切社会关系的总和，人的本质只有在二者或者群体的对应关系中才能体现。因此，人们在社会交往中注重个体的外在性质，如社会关系、职业、地位、群体等，人们遵循群体身份所规范的准则并从社会关系中寻找安全感，以体现个人的本质。这种心理反映到称呼语上，汉语中的亲属称呼不仅划分得十分详细，而且还体现出明显的亲疏关系，细致地划分出直系血亲（如父母、外祖父母和祖父母）和旁系血亲（如舅舅、姑姑、姨妈、表姐妹、堂兄弟）。在非亲属称呼上，体现出亲属称呼的泛化趋向，如"老/小+姓"（老王、小黄）既适用于关系亲密的朋友和同事之间，也适用于刚认识不久的同事和朋友之间；"姓/名+亲属称呼"（李哥、刘姐），"职业称谓+亲属称呼"（的哥、空姐）也有利于融洽关系。

在英语文化中，西方人强调个人价值，习惯将自我看作他人与世界分离的独立个体，个人的安全感建立在个人价值的实现上，与社会的关系较为松散，不受亲属关系的制约，亲属之间的联系也不密切。因此，英语中称呼语体系就简单粗疏，没有细致地划分出父系、母系。英语中亲属称谓具有广泛性，适用于称呼多个亲属，如"cousin"表示同辈亲属，既包括表兄弟、表姐妹，还包括堂兄弟、堂姐妹等。

其次，英汉文化的平等观念和宗法制度也存在很大差异。美国文化历史较短，加上大量移民融入，使得美国文化的多元性十分显著。美国人在追求生存、独立的过程中，将生命、自由以及幸福看作个人权益，他们讲究效率，不受规范束缚，由此形成了他们独特的思维方式和价值观念。美国文化强调人人平等，男女同权，认同来自父母双方而不是来自父方继承和遗传的重要性，不体现尊卑高下，同辈之间，甚至长辈和晚辈之间都可以直接称呼姓名，由此也不需要复杂的亲属称呼体系。在非亲属的称呼语上，无论职位和地位如何，越来越趋向于直接称呼姓名，用"Mr./Miss/Ms./Mrs.＋姓"或者直接用"Sir/Madam"统称。当交际双方处于明显的地位关系时，地位较高的人直接称呼对方姓名，地位较低的人称用"职位/头衔＋姓"来称呼对方，如"President/Professor White"。

中国人注重血缘关系，讲究宗法制度，以血缘关系为纽带来形成家族关系，维护族长、家长的统治地位。这种宗亲制度派生出来的社会心理突出表现在高度重视血缘关系和强调辈分等级差异方面。汉语中亲属称呼划分十分细致，祖辈、父辈以及同辈的称呼都十分明确，长幼有序，男女有别，表现出垂直的社会关系。在语言交际中，出现许多体现被称呼者职业、地位的称呼，如"王医生""刘经理"等。

二、中西委婉语比较

euphemism（委婉语）一词源于希腊语，意思是 good speech 或 good words，即把生硬的、粗鄙的、刺耳的、令人难堪的、赤裸的、无礼的说法以一种更含蓄、更典雅、更间接、更模糊、更礼貌、更婉转、更容易被接受的形式说出来。委婉语是调剂人际关系的重要手段。

中国人更讲究说话委婉得体，避免刺激性言语，即所谓"登堂问讳，出门问礼"。委婉语是中西方文化中共有的现象，其主要功能无外乎避讳、掩饰和礼貌。所以中英文有很多类似的委婉语或大致相同的委婉语领域。

（一）传统委婉语

有些话题是人类都不愿意谈及的，如喜欢谈生，回避谈死；喜欢谈健康，不愿谈疾病；喜欢谈阳光积极的事物，不喜谈隐晦消极的事物等。在这些不愿谈及的领域里委婉语也是最丰富的，虽然英汉委婉语在这些方面并非完全一一对应，但其用法和反映的心理现象非常相似。

怀孕：汉语用"有喜了""有了""身怀六甲"；英语则用 be in the family way、she is expecting 等。

死亡：英语中用 pass away、slide by/away、to leave this world、to join the silent majority、to breathe his last、the departed、the deceased、the late、to shut one's light off、to pay one's last debt、to run one's race 等。汉语中的死亡委婉语有褒贬之分，如"为国捐躯""英勇就义""光荣了""以身殉职"等含褒义；而"夭折""短命"含贬义；"去世""过世""谢世""与世长辞""老了""奔赴九泉""寿终""作古"为中性；"玉殒香消""玉碎珠沉"则专指美女之死。

（二）文体委婉语

文体委婉语和禁忌没有关系，而是在人际交往中为了表示礼貌、争取合作或者恭维对方而说的溢美之词。可以分为以下几个领域。

1. 政治、军事委婉语

政治军事领域的委婉语大多是为了粉饰现实，掩盖真相，显示了其虚伪性和功利性，被称为"化妆词"，如将"被击溃"说成"战略撤退"。

2. 职业委婉语

汉语中的职业委婉语有很多，下面列举几种。

梁上君子—窃贼

美容顾问—美容师
城市美容师—清洁工
销售代表—推销员
英语中的职业委婉语有过之而无不及。
landscape architect—gardener
prison officer—jailer
supervisor—foreman
aisle manager—floorwalker

职业委婉语的目的是维护弱势群体的尊严和体面，有其积极意义。还有一类是行业内部出于禁忌而产生的委婉语，如股民忌讳说"跌"，渔民忌讳说"沉""翻"等。

（三）委婉语的表达方式

英汉语言结构、构词规律的不同决定了两种语言各自独特的委婉语表述方式，如汉语中的拆字、对联、歇后语；英语中的字母法、缩略法、谐音法等。

拆字法：把"李麻子"称为"李广林"。

对联法：将要说的话迂回隐藏在对联中。

歇后语：秋后的蚂蚱——还能蹦跶几天；挖耳勺刨地——小抠；黑瞎子上房脊——熊到顶了；司机闹情绪——想不开；和尚打伞——无法（发）无天。

英语里面也有一些巧妙的表达，如省略掉字母表中字母 U，隐含的意思是"I miss you."还有利用某些字母和单词的谐音，来婉转、间接地表达不易启齿的话，如"If I can rear range the alphabet, I will put U and I together."。

中国人长期以来受儒家思想的影响，讲究"上下有级，尊卑有序"。中国封建时代帝王的名称是要避讳的，用其他相近的词来代替。《礼记·曲礼》将之称为"国讳、公讳"。包括生病都用不同的委婉语，如皇上生病是"龙体欠安"，皇后生病是"凤体欠安"，老百姓生病顶多也就是"偶染微恙"或者更通俗一点"不舒服"，反映了明显的阶级性。而英语中的委婉语很少有阶级色彩。

在东西方文化不断的交往互动中，很多中英文委婉语彼此靠拢，互相吸纳，呈现融合的趋势。例如，人们常常在进行中西方委婉语对比时，提到东方有尊老之风，而西方则是年轻人的战场，老年人的坟墓，所以西方人不愿意被称为老者，因此有很多关于老年人的委婉语，如 seasoned man、advantage in the age、the mature 等。汉语中的"您老""老先生""老领导""老战士""老红军""老革命""老兵""老总""老李"等均为尊称。

三、中西恭维语比较

恭维语（compliment）是一种十分普遍的语言现象，其作为一种交际用语，主要作用是维系社会正常的人际关系，联络交际双方的感情，缩短交际双方之间的社会距离。恭维语不仅能传递具有评价意义的信息，还能表达出欣赏、鼓励、敬佩、羡慕的情感，创造出一种和谐融洽的交际氛围，因此恭维语又叫作"社交场合的润滑剂"。恭维语作为人们日常交际中常用的一种礼貌行为，它往往以"临近配对"的形式出现，即恭维与应答共现。

从社会行为学的角度看，恭维语体现的是日常交际中人们对周遭事物的价值判断、评价和欣赏，是对所处社会文化内在价值观的外在反映。因此，英汉语言中的恭维语会在形式、内容等方面体现出差异。只有了解英汉语言背后的文化差异，才能避免跨文化交际中的障碍。英汉文化差异决定了英汉语言在恭维语的使用规约差异，其差异主要体现在内容和回应模式上。

首先，就恭维的内容来说，主要集中在人的素质、仪表、技能、才智、业绩、表现、技能、服饰、汽车等的赞扬和褒奖上。以上内容可以分为两个方面，一方面是"外貌"和"所有物"，另一方面是"能力"和"成就"。在西方文化中，外貌是恭维中非常普遍的内容，特别是女性换了新发型、穿了新衣服等都会受到恭维。无论年龄、职业、地位、辈分如何，女性的外貌永远是被恭维的对象，既包括比她们社会地位高的人们的恭维，也包括比她们社会地位低的人的恭维。在西方文化中，男性恭维女性的外貌是非常平常的事情。

在汉文化中，随意恭维女性的外貌，并不是社会所期望的行为，甚至可能会犯大忌。虽然现在情况发生了一些变化，对女性外貌方面的恭维开始逐渐增多，但还要受到各种条件的制约。中国人忌讳别人夸赞自己的妻子长得漂亮，但在西方却很平常，被夸赞的人也会感到愉快。

在西方，围绕"成就"和"能力"所开展的恭维语，主要是地位较高的人恭维地位较低的人，特别是上级恭维下级，以获得融洽的上下级关系。西方人认为，评价他人的"成就"和"能力"是一件严肃的事情，只有地位较高、具备评价能力的人才能对他人的"能力"和"成就"进行评价。

对于"能力"和"成就"的恭维，中国与西方恰好完全相反。一般情况下，都是地位较低的人恭维地位较高的人，尤其是下级恭维上级，以获得上级的好感。这种现象体现了中国文化中的群体趋向。中国人对于与自己地位相同的人或者陌生人之间的恭维十分委婉得体，体现出含蓄、谦虚的价值取向。

其次，就恭维语的回应模式来说，社会规范要求人们在遇到他人的恭维时要进行回应。在恭维语回应方面,英汉民族都遵循两个原则,一是赞同对方意见,二是避免自我吹嘘,但英汉民族的侧重点存在一定差异。西方人以个人价值为取向,遵循得体原则与一致原则,以正面接受的方式进行回应,如接受评论、领情赏识、回赠恭维、缓和回答等,多围绕"Thank you"进行补充,"尊人"不"卑己"。而中国人在面对恭维时多采取拒绝或不正面接受。

从心理感受来讲,中国人也喜欢听恭维的话,但在语言交际中,尤其是在公共场合,大多数人倾向于拒绝。这种回应模式受到了中国传统价值观的影响,因为谦虚是中国的传统美德,这种价值观对中国人的思想观念产生深远影响,并体现在人们的语言交际中。中国人在听到别人的恭维时,一般会自贬一番,表示谦虚有礼貌。而西方人却没有这种回应习惯,他们直接表示感谢。但随着社会的不断发展,中国人的传统观念也在逐渐改变,人们在面对他人的恭维时不过多进行自贬,也不爽快接受,视语境采取不同的回应方式,如含蓄接受、间接拒绝等。

四、中西邀请语比较

邀请语是各社会群体共有的普遍性言语行为。英汉民族处于不同的文化背景,其邀请语也有着不同的社会规范和不同的社会期望。因此,英汉语言中邀请语的内容、形式以及回答模式方面都会有一定的差别。

一般情况下,西方人对于正式的社交活动都会向客人发出书面邀请,非正式的社交活动,如周末聚会、野餐等,邀请者一般通过电话或面对面口头邀请客人。在交际中,西方人会说"Let's get together sometime." "We really should have lunch soon."等。对于中国人来说,这些话似乎是在进行邀请,但实际上,这是交谈结束的一个标志,交际者为了维持良好关系的一种表示。如果将这些话误认为是对方的邀请,并信以为真,但却等不到对方的邀请,会认为对方不信守诺言,导致更深的误会。西方人在邀请别人时,会明确说明时间、地点和内容等,并且要求对方给出答复。如果没有活动的具体内容,就不能构成真正的邀请。在中国,人们告别时也会说"有空再来玩""有空去我家吃饭"等客气话,但这不是真正的邀请。

在西方,人们邀请别人要尊重别人的意见,双方必须进行坦诚地协商。因此,西方人在邀请别人时会说"Would you like to..." "...come if you want to"等,给人留出可选择的余地。但在中国,这种说话方式会让人感觉不真诚。中国人在邀请别人时会反复几次,受邀者也要推辞几次最后才接受。中国人在邀请别人时会说"不见不散""一定要来"等话,以表示诚意。

在西方，对于他人的邀请，不论接受还是拒绝，人们都会给予明确的答复并表示感谢。在拒绝他人时，人们首先要感谢邀请，然后表达歉意并说明拒绝的原因。即使是非正式的邀请，如周末一起逛街、吃饭等，如果要拒绝，也要先表示谢意，然后表达歉意，简要说明拒绝的原因。如果对于他人的邀请不能马上进行明确的答复，可以在活动的前几天提前告知邀请者，以便邀请者重新进行安排。在中国，人们接受他人的邀请时，一般不会明确的答应或拒绝。例如，一个朋友邀请你去他家吃饭，如果你想去但又怕麻烦别人，就可以说"算了吧""太麻烦你了"；如果你不想去又不好意思直接拒绝，就可以说"下次吧""改天吧"。在跨文化交际中，如果中国人客气地回应西方人"Thank you, I'll try to come."会让西方人感到困惑，因为他们不能确定你是否能来。此外，中国人一旦接受邀请，一般要回请，以表示感谢。这在西方是非常罕见的。

五、中西道歉语比较

道歉语是说话人公开承认做了不应该做的事情或者没有做应该做的事情。道歉语的目的是弥补某种不恰当的言行，恢复交际双方的融洽关系。对于道歉语来说，语境起着很大的作用。汉语属于强语境文化，英语属于弱语境文化。在汉语中，语码负载的信息量较少，交际中的信息量大多存在于社会文化环境、交际情景或交际双方的心中。在英语中，语码负载的信息量较大，交际环境中的信息量较少。

在实际语境中，英语中的道歉频率远远高于汉语。由于英语文化为弱语境，倾向于个人主义，有意见分歧是被称赞的，这种冲突一定程度上被看作积极的行为。人与人之间避免不了冲突，人们会在不经意间冒犯对方，因此英语文化中道歉的频率十分高，人们采用减轻责任的策略来维护自己的面子。汉语文化为强语境，推崇集体主义，主张和谐，在公共场合发生争执是让人丢面子的事情。因此，中国习惯采取预防措施避免发生冲突，如果发生冲突，会采用直接道歉的策略来维护对方的面子，所以汉语中的道歉频率较低。

在英汉文化中，道歉具有不同的社会功能。中国传统社会结构以家长制为基础，从而形成中国社会关系中的等级关系。这种等级关系决定了道歉的社会功能是维持人际关系的和谐。只要每个人都扮演好自己的角色，恪守本分，就不会打破这种和谐。西方社会以自由平等为价值取向，决定了道歉的社会功能是维持平等秩序。由于个人主义至高无上，只要冒犯了别人就必须道歉。

六、中西请求语比较

受中国传统文化的影响，中国人在说请求语时要么过于直接，要么过于间接，以暗示的策略请求别人帮忙做事情。在中国社会中，地位较高者对地位较低者或者长辈向晚辈说请求语是合情合理的，不需要间接请求。例如，经理可能对助理说"小王，帮我把这份材料打印一下"。妈妈可能对儿子说"儿子，去帮妈妈买瓶酱油"。一般情况下，平等性地位的人之间采取直接式的请求。平等性地位的人之间关系较为亲近，将帮助他人看作自己的责任，且在很多方面有所共享。直接式请求一般为祈使句，如"帮个忙""过来一下""快点"等。但中国人这种直接式的请求会让西方人感到很突兀、不礼貌。

地位较低的人对地位较高的人或者晚辈对长辈的请求要采取间接或暗示，必须小心谨慎。请求者在请求之前，应为请求内容设定一个情景框架，让请求听起来合情合理，让对方有一个心理准备。例如，学生向老师请假时，不会直接说"老师，我想请假"，而会说"老师，我家有点急事"或者"老师，我今天肚子疼"。但是过于间接的请求方式也可能会让西方人感到十分茫然。

西方人在请求别人帮忙时，会使用不同的间接性语言来表示礼貌，直接与间接的程度主要根据被请求者的年龄、地位、亲疏程度、请求内容等决定。被请求者的年龄越大、地位越高、请求内容越困难，间接或暗示的程度越大。此外，请求语的直接与间接程度还受到交际语境、场合、气氛、距离等方面的影响。西方人习惯通过变化句法结构来表达请求，或者依靠言外之力来表达请求。

英汉民族在实施请求语时，都可能会采取间接或暗示，但原因不同。中国人是受传统思维方式、集体取向的价值观念以及自己和他人的面子而实施请求的，他们追求既不伤害他人的积极面子也不伤害自己的面子。西方人与个人取向关系密切，人们在向他人提出请求时，不损害他人的消极面子，尽量委婉请求，不给对方强加的感觉，给对方可选择的空间。

七、中西拒绝语比较

拒绝行为是请求者和拒绝者面对面的交际行为。拒绝者会用一些策略减少对请求者面子的威胁，从语言的形式上提高和请求者的一致性。拒绝策略有多种形式，从广义上讲，有语篇表层和深层两种。语篇表层策略是能够标志、预示说话者目的的语法手段；语篇深层策略是表面意义上不能看出说话者的真实目的，而要靠语用学推敲后才能掌握说话者的目的。语篇表层策略不一定是一个完整的言语行为，语篇深层策略则是一个完整的言语行为。语篇表层策略是实现语篇深层策略的手段。在实际的日常对话中，英汉语言的语篇表层策略及深层策略的使用均表现出一定的共性。具体说来，日常对话中常用的语篇表层拒绝策略包括三大类。

①会话附加语，如"这个……""对不起""哎呀""别提了""天啊""well""sorry""oh""It happened..."等。

② 模糊限制语，如"估计""好像""听……说""I'm afraid""possibly""Someone says that...""As is well known..."等。

③其他附加语手段，包括使用听话人语言，如"哥们儿（Buddy）"；加强语调表明诚意，如"一定 / 实在 /really"；从言语上给受话者以理解、合作，如"的确 /I wish I could...but"等。

英汉语言在语篇深层拒绝策略的共性体现在以下几方面。

①回避策略。拒绝者只是不理请求者的请求，而取表面含义。例如，"You'll have to save your own money to buy a car."等你长大了，自己买辆真车。

②推迟策略。拒绝者不能马上决定接受还是拒绝，并将决定推到以后，如"以后再说吧。/Call me later."。

③批评教育策略。这种策略主要用于地位较高的人对地位较低的人的拒绝。例如，"Do you want to like what everyone likes？/ 把钱用在更有意义的东西上不是更好吗？"

④建议策略。拒绝者给出多余信息，既能间接拒绝，又能表示出对对方的关心，显出礼貌。例如，"图书馆里有这本书，你可以去看看。/You can borrow it from the library."。

⑤假同意策略。这种策略表面上是接受，实际上是拒绝。例如，"等以后有了钱一定给你买。/You will have to wait until your birthday."。

⑥暗示策略。主要是为了避免与请求者直接冲突，如"我已约了客户。/I'm going to the library."。

⑦模糊表达策略。这种策略的说话方式较为晦涩，能避免直接冲突。例如，"除了不及格的都及格了。/Not everyone is through taking the test."。

⑧开玩笑策略。这种策略主要用于好朋友之间。例如，"晚上做梦吧，梦中告诉你，梦不见我就算了。/Just think of the pounds you're sweating off."。

⑨主观策略。拒绝者说明拒绝是自己的主观意愿。主观策略一般采取陈述处事原则。例如，"对不起，我不想借给别人。/I'm sorry, the book means too much to me to lend out to someone."。

虽然中西拒绝语策略存在很大的共性，但是在言语行为与社会因素的关系方面却存在差异。换句话说，文化差异对中西交际者拒绝语策略选取的直间接程度和整个话语的礼貌值影响较大。国内外学者的研究在中英礼貌拒绝模式上基本取得了一致。汉语：称呼语（如果被拒绝者地位较高）＋道歉用语＋拒绝理由；西方：积极性观点（I'd like to）＋but＋拒绝理由＋道歉用语。不过，社会权力、社会距离、拒绝言语行为的难易程度和情感等因素在影响英汉拒绝言语行为的方式和程度上存在差异。

中外学者的研究成果表明，社会权利对英汉两种语言的直接性层面与礼貌值都呈正相关，尤其对汉语的礼貌值与直接性层面起到决定性作用。受中国传统观念的影响，人们的观念中有社会地位的等级差异。因此中国人在实施拒绝语时，会重点考虑社会地位。被拒绝人的社会地位越高，礼貌值越高。具体而言，社会地位较高的人拒绝社会地位较低的人的请求时，一般省略遗憾、道歉等语句，但社会地位较低的人拒绝社会地位较高的人的请求时，多使用道歉和遗憾等语句，而且使用的频率是美国人的两倍。

相比之下，西方人对社会地位是否平等更为关注。社会距离对英语礼貌值的影响和对直接性层面的影响较大，而对汉语的直接性层面影响不显著。西方人由于他们的平等价值取向对社会地位不太敏感，其结果是社会距离占主导地位。在"拒绝"的直间接程度方面，西方人之间有两种情况，一是在关系比较亲密的人之间或社会差距较大的人之间，人们习惯用"No"或"I refuse"等直接性的拒绝方式；二是在关系不够明确的人之间，即在陌生人的社会关系之间，或对社会地位平等的人，人们习惯用间接性的拒绝方式。例如，表示遗憾的"I'm sorry"，表示积极态度的"I'd like to but..."，陈述理由的"I have a headache"等。

在汉语中，为了维护双方的面子，维持双方的和谐关系，人们习惯用间接性的方式来拒绝他人，包括亲戚、朋友、同事、陌生人。中国属于集体主义文化，但集体内和集体外的成员之间是有差别的，即内外有别。中国人对集体外的成员较为冷淡，对他们的拒绝会相对直接，对集体内的成员也有亲疏之分，如对亲戚比较随便，对朋友和同事比较谨慎，因此对朋友的和同事的拒绝比亲戚更为礼貌。

拒绝言语行为属于面子威胁行为，人们普遍认为难以实施，怕冒犯对方，但英汉文化对拒绝语感知的难易程度是不同的。西方人注重个人主义，强调行为的自主性，而中国人强调集体主义，注重人际关系的融洽，因此西方人拒绝他人较为容易，中国人拒绝他人较为困难。

情感在英汉语言中不仅和直接性层面呈正相关，还对直接性层面的变异起决定性作用，这表明情感起的作用比社会距离更大。然而在礼貌值的分析中，情感只对英语文化起决定作用，因为西方人主张个人价值，他们能坦率地说出自己的喜好，而中国人却将其视为没有礼貌。中国人重视人际关系的和谐，他们倾向于隐藏厌恶、气愤等情感。

八、中西寒暄语比较

人们在日常交际中经常需要寒暄，因为寒暄能很快打开交际的局面，不善寒暄的人容易在交际中冷场。寒暄语虽然不传递有价值的信息，但在交际中十分重要。交际各方注意的不是寒暄语的语义内容，而是它所表达的某种情感或是它所要满足的某种社会文化需要。

在中国，人们见面时喜欢问"去哪儿？"或者"吃饭了吗？"，这些都是客套话，并不是真正意义上的问题。但在西方问"Have you eaten？"他们会认为你要请他们吃饭，如果问"Where are you going？"他们会认为你在干涉他们的私人事务。西方人见面时习惯问候"Hello""Hi"，正式场合问候"Good morning""Good afternoon""Good evening"。西方人也常用一些询问式的寒暄语，如"How are you doing？""How are you？"等。中国人在寒暄时还会问一些私人问题，如年龄、钱财以及婚姻状况等，中国人一般不会介意这些问题。但在西方，人们会认为你在侵犯他们的隐私。西方人会谈论天气等与私人问题无关的话题。

中国人在见面时，会根据对方的实际情况说"买菜呢""打篮球呢"等。但在西方人来看，这些实话没有意义。中国人习惯用称呼作为打招呼或寒暄的方式，如见到领导叫"李总"，见到老师叫"王老师"。如果在西方，用"Professor Smith"和教授打招呼，那么教授会认为找他有事情，会站在那里等待下文。

在告别时，英汉语言也存在一些差别。中国人在告别时，会说"再见""走好""慢走"等，对方会说"请回吧""请留步"等，以表示礼貌。西方人在告别时除"Bye-bye！""Goodbye！"外，会说一些祝愿的话语，如"Wish you good luck！""Take care！"等，还会说一些和对方见面很愉快的话语，如"I'm glad to have meet you.""Nice meeting you."等。

第四章　多元文化视角下英汉翻译的原则与策略

英语与汉语在各个方面都存在很大的差异,在进行英汉互译的过程中肯定会出现很多问题,本章立足于多元视角之下,重新审视英汉翻译的原则与策略。

第一节　多元文化视角下英汉翻译的原则

一、文化再现原则

翻译不只是一项实践活动,更是一门学科。作为学科肯定会有专门的理论与原则,在多元文化的视角下进行的英汉翻译,不仅要翻译句子的语言含义,还要将句子所表达的文化含义翻译出来,在进行翻译的过程中一定要遵循相关的原则,这些原则就是为了实现文化内涵的传递。

在翻译的过程中文化因素应该受到更多的重视。文化作为一个符号系统,在翻译中的地位与语言持平。翻译本身就是一种跨文化的活动,翻译应该遵循文化再现原则。文化再现原则包括以下两方面的特征,如下所示。

(一)再现源语文化特征

在翻译的过程中,一定要将源语文化准确地再现给译语读者,最大限度地保持源语文化的完整性与统一性,不能随意更改或者否定源语的民族文化色彩。举例说明,百合花在西方象征着贞洁与高贵,paint the lily 这句话的字面意思为"为百合花上色",但是真实的意思却不是这样,应该翻译为"做吃力不讨好的事情"。如果不能理解其内在的含义,只进行字面的翻译,就会违背源语的文化特征。在 "While it may seem to be painting the lily, I should like to add somewhat to Mr. Alistair Cooke's excellent article." 如果只是翻译字面意思,就会成为"阿利斯太尔·库克先生的作品很好,但我还是要稍加几笔,而这似乎是给百合花上色"。这样的翻译有点牵强,不准确,甚至是很难理解。但是翻译成"阿利斯太尔·库克先生的作品很好,尽管是吃力不讨好的事情,但我还是要稍加几笔"就会变得容易理解,还不违背源语的文化特征。

每种翻译都有其各自的目的。从某种程度上来说,翻译目的决定翻译行为的各个方面,在翻译之前,译者最好要透彻地读懂原文。

在翻译时,译者应时刻将源语言的意图牢记在心中,并翻译出目标语顾客可接受的译文,以达到源语目的。

滥用词汇有时可能导致费解,因此,译者更应该注意中英文之间的差异,以便准确、恰当地翻译原文。否则,就会产生误译之事。

例如,将"AVON roll-on anti-perspiring deodorant"翻译成"雅芳滚动止汗香体露"。如果查词典,我们就可以找到"roll-on"的英文意思是"a dispenser of a liquid cosmetic (such as a deodorant) having a revolving ball as an applicator"(它可以翻译成"滚珠"或"走珠")。显然的是译者不理解"roll-on"是什么意思,只能用基本意思来翻译它。

使原文内容本土化。译文必须与目标语读者的情况紧密地连在一起,这就意味着译文应清理文化障碍。在翻译产品说明书时,文化障碍有可能导致误解,甚至是严重的危险。不同的文化有不同的语言表达,因此,在翻译时最好能将其原文本土化,以翻译出流利的译文。

(二)再现源语文化信息

翻译不仅仅是将一种语言转换成另一种语言,更是两种文化信息之间的转换。翻译的过程,实际上就是信息传递的过程。只有翻译人员具备理解语言之中的丰富的文化内涵的能力,才可以将源语文化信息完整地呈现出来,人们才可以通过译文感受与原文相同的文化与信息。在文化翻译中不能只遵循原文的字面意思,还要理解源语中的文化信息。

举例说明,"It was Friday and soon they'd go out and get drunk."对于这句话的翻译,如果只遵循字面意思的翻译,很容易翻译成"星期五一到,他们就会出去喝酒"。这样的翻译没有任何特色,只是将字面意思完整地表达出来,但是会给读者留下很多疑问,为什么星期五会去喝酒,为什么不是周六,等等。这就造成了读者在看到翻译时的困惑。实际上,在英国,周五是发工资的日子,因此人们在领完工资之后,以表庆祝,就会去喝酒。如果在翻译的过程中了解到这一文化信息,很显然就不会那样翻译,上述的翻译显得有些生硬。可以翻译成"到了星期五发工资的日子,他们会出去喝的酩酊大醉"。这样的翻译就不会给读者造成困惑。

二、先内容、后形式原则

在进行翻译的过程中还要遵循先内容、后形式的原则,通俗来讲就是先对内容进行转换,形式只是内容的一种表现方式,如果出现无法兼顾内容与形式的情况,一定要遵循先内容、后形式的原则。

【示例】Let me not to the marriage of true minds/Admit impediments.

【译文1】我不承认两颗真诚相爱的心/会有什么阻止其结合的障碍。

【译文2】我决不承认两颗真心的结合/会有任何障碍。

上述例子出自莎士比亚的第116首十四行诗,对比上述的两种翻译,可以看出译文2的文化意义表达不足,很容易造成读者的困惑。但是译文1就将源语的文化意境与内涵表达出来。译文中所说的障碍,并不是我们所理解的双方家长的阻挠,只是西方的文化习俗。西方的婚礼中,牧师会询问结婚双方的意愿,是否存在阻碍他们在一起的因素。

第二节　多元文化视角下英汉翻译的策略

在翻译的过程中一定要克服跨文化这一障碍。因此,可以借助适当的翻译策略完成翻译。适当的翻译策略也会提升翻译的质量。在翻译策略中具有一定影响力的就是"归化法"和"异化法"。除此之外,还有一些方法适用于翻译。

一、加注法

在翻译的过程中,为了能够让读者更好地理解,一般会使用直译的方法,再配合适当的注释方便读者理解,这样的翻译方法有助于源语文化的再现。加注法也可以起到解释说明的作用,常用的技巧就是增词与注释。

增词就是为了帮助读者更好地理解句子的含义适当增加解释的词汇。举例说明,我国有一句谚语"三个臭皮匠,顶个诸葛亮"。如果翻译成英文的话,有必要适当地增词,例如,"Three cobblers with their wits combined equal Zhuge Liang, the master mind."。

增词的目的就在于帮助读者更好地理解,诸葛亮作为中国的历史人物,在中国的知名度很高,但是对于一些不了解中国文化的外国人来讲,却是陌生的。他们不清楚诸葛亮,也不了解皮匠的含义,因此在翻译的过程中需要借助增词这一方法帮助读者理解句子的含义,翻译的过程同样是文化传播的过程。

【示例】At 6:10 p.m., December 6, 1973, Gerald Rudolph Ford, raised his right hand in the U.S. House of Representatives, where he had spent twenty-five years working toward but getting the top office of Speaker, and became Vice President of the United States.

【译文】1973年12月6日下午六点十分,杰拉德·伦道夫·福特在美国众议院中举起了右手,宣誓就任美国的副总统。他在众议院中曾度过25个年头,并一直在争取担任议长,但始终未能如愿。

这段话让美国的群众理解起来并不困难,但是对于不了解美国文化的人来讲,理解就会存在一定的困难。很多人对美国的选举仪式并不了解,也不清楚为什么在美国众议院举起右手就会成为美国的副总统。因此在翻译的过程中要适当加上注释。

【示例】姜太公钓鱼,愿者上钩。

【译文1】Like Jiang Taigong fishing they have cast the line for the fish who want to be caught.

【译文2】Note:Jiang Taigong lived in the Chou Dynasty.According to a legend, he once fished in the Weishui River, homing a rod without hood or bait three feet above the water, and saying "The fish that destined to be caught will come up."

中国的俗语具有丰富的文化色彩,在翻译的时候采用直译的方法虽然可以保留源语的文化色彩,但是读者却不容易理解。就像译文1一样,具有中国的文化色彩,但是其他国家的人理解起来有一定的难度,如果像译文2一样适当地加入一些注释,不仅仅可以保持原来的文化内涵,还有利于读者的理解,更有利于弘扬我国的优秀的文化。

英语与汉语毕竟属于两种文化,肯定会存在一定的差别,很多时候如果只采用直译的方式,会显得有点些生硬,在不影响原来语句的前提下,适当地增加一些词汇,也未尝不可。一种方式是增加一些表意词语,使原文更容易理解,如下所示。

【示例】Far better to break into a gentle sweat by taking a stroll along the beach, or through the beautifully manicured gardens, and enjoy the space and solitude of your surroundings.

【译文】这种时候,相比健身,可能在软软的沙滩上或在修剪精美的花园中散步会惬意很多,可以借此出一身薄汗,此时享受周边开阔和静谧的环境也会舒服很多。

【示例】With bright blue and green mosaic tiles, and a vast lofty atrium you could be forgiven for thinking you had accidentally stumbled into a mosque instead of an Arabic outpost of the Intercontinental chain.

【译文】地上铺满宝蓝色和绿色相间的镶嵌地砖，门廊高大而宽敞，初来乍到你以为自己踏进一座清真寺，而非洲际集团名下的阿拉伯风格酒店，也情有可原。

另一种方式是增加一些关联词，使译文符合译入语的思维逻辑，如下所示。

【示例】With bright blue and green mosaic tiles, and a vast lofty atrium you could be forgiven for thinking you had accidentally stumbled into a mosque instead of an Arabic outpost of the Intercontinental chain.

【译文】地上铺满宝蓝色和绿色相间的镶嵌地砖，门廊高大而宽敞，初来乍到，如果你以为自己踏进一座清真寺，而非洲际集团名下的阿拉伯风格酒店，也情有可原。

【示例】Each is poised on the jungle-clad hillside so that there are perfect views of mountain and forest through huge windows.

【译文】每座别墅都悬挂在丛林覆盖的半山腰，透过巨大的窗户往外看，是一片连绵的山峰和茂密的森林，景色优美怡人。

二、归化法

归化法，是指在翻译的过程中遵循自己的民族文化以及语言习惯。归化法就是回归本民族的语言表达方式，在翻译的过程中向目的语读者靠拢，使用最自然的民族语言来展现翻译的特点。翻译的表达应该流畅、自然。尽量将源语的语言行为归入读者的文化范畴之中，而不是强迫读者接受。

归化法是我国经常使用的翻译方法，这其中也不乏典型的案例，不管是对佛经的翻译还是对国外优秀作品的翻译，都可以看见归化法的影子。例如，我国著名的翻译家傅东华，在翻译《飘》的过程中，就采用了归化法，他将著作中的主人公都适当地添加了中国的传统姓氏，为这部文学作品增加了不少色彩。

归化法的优点就是更容易让读者接受和理解。例如，英文中的"to seek a hare in hen's nest"，采用归化法就会翻译成"缘木求鱼"，并不是字面意思"在鸡窝中寻找兔子"。

中国的《诗经》中有这样的一句话，那就是"领如蝤蛴，齿如瓠犀"。这是对美人的描写，"蝤蛴"的原意是指木头中的虫子，但是在这里用来比喻脖颈白而长，而"瓠犀"的原意是指葫芦籽，在这里是指牙齿整齐而洁白。翻译成英文就是 "Her swan-like neck is long and slim;Her teeth like pearls do gleam."。在翻译的过程中，直接运用了"swan"与"pearls"这些符合英语读者习惯的比喻。这就是归化法的直接运用。

除此之外，还有一些带有民族文化特色的成语、俗语、典故等，均可以使用归化法进行翻译，如下所示。

① Fine feathers make fine birds.

人靠衣装，佛靠金装。

② You can't make a crab walk straight.

江山易改，本性难移。

③ When in Rome, do as the Romans do.

入乡随俗。

④ Every potter praise his own pot.

王婆卖瓜，自卖自夸。

霍克斯曾经翻译过我国的四大名著之一的《红楼梦》，在霍克斯的翻译中，感觉这个故事像是在英语国家发生的一样，具有很强的可塑性。只是让人感到惋惜的是，改变了中国传统文化的内涵。例如，将佛教中经常出现的"阿弥陀佛"，翻译成了"God bless my soul"，这样的翻译就会给一些不了解中国文化的外国读者一种错觉，那就是中国的古人也会信奉上帝。

在翻译的过程中毕竟是两种文化之间的交流，会出现很多文化交流上的障碍。翻译是一种途径，适当的翻译可以增进文化之间的交流。因此，在使用归化法的过程中，一定要注意翻译的分寸，统筹全局，具有全局意识，原文的性质与目标读者以及文化习惯等都是翻译人员应该考虑的重点内容。

三、异化法

异化法与归化法是相对概念，异化法就是在翻译中要遵循外来文化语言的特点与表达方式，这种翻译方式在翻译过程要求向作者靠拢，尽量使用与作者相同的语言表达形式来传递作者的写作意图。

异化法在翻译风格上力争与原文保持一致，重点突出与原文的差异。翻译的最终目的就是强调将语言文化介绍给目标语的读者，使其更了解原来的语言文化。

异化式的翻译方式通过植入源语文化，提升源语文化的影响力，实现两种文化之间的交流。经过异化翻译的词汇有很多，如 silk（丝绸）、fengshui（风水）、bungee（蹦极）等。

【示例】他一家子在这儿，他的房子、地在这儿，他跑？跑了和尚跑不了庙。

【译文】Escape？ But his home and property can't escape. "The monk may run away, but the temple can't run with him."

在翻译的过程中，直接翻译成"跑了和尚跑不了庙"，英语读者也不会产生其他的误解，甚至使译文变得生动有趣。

翻译作品可以保留本国的文化风情，通过翻译使外国读者可以更好地领略本国的文化、语言表达形式。异化是一种翻译技巧，保留本国的文化特色，有利于让目的语读者更好地了解本国的文化与语言特征。

伴随着国际化进程的加快，国际文化交流的次数也会慢慢增加，很多异化成功的例子已经成为英语或者是汉语中重要组成部分，例如以下几个词汇。

①叩头 kowtow

②蜜月 honeymoon

③纸老虎 paper tiger

④丢面子 lose face

⑤保全面子 keep face

总的来说，异化翻译的目的就是促进文化之间的交流与发展，通过翻译让译语读者了解源语文化，异化就是在翻译的过程中保留原有的文化内涵，实现文化传播与文化交流。

四、移译法

移译法就是在翻译中保留源语的书写形式，将源语的表达方式部分或者全部地移入目的语中。

由于文化交流的深入，这样的翻译方式相对常见，如 DVD、Internet 等，这些词语，同样带有很强的时代特征。

移译法保留了源语的文化特征，而且具有很强的时代特征，这样的翻译严格来讲并不能称之为真正的翻译，只是一种词语的借用。这种翻译方式保留了词语的文化外壳，摒弃了源语完整的词语表达形式，进而实现翻译的目的，也是一种语用策略。

在翻译的过程中为了照顾目的语读者，也会使用音译的方法。音译法是根据源语语音进行翻译的方法。一般情况下，专有名词往往采用音译法或者音译结合的其他方法来翻译。现代汉语中有些词汇是从英语中音译过来的，如下所示。

① Disney 迪士尼

② Johnson 强生

③ Colgate 高露洁

④ Benz 奔驰

⑤ chocolate 巧克力

⑥ motor 摩托

⑦ lemon 柠檬

⑧ disco 迪斯科

⑨ romantic 罗曼蒂克

在东西方的文化交流中，语言也会相互渗透，成为其他语言的借词。这些借词的出现，不仅仅丰富了语言词汇，还促进了各个民族之间的文化交流。很多的词汇都具有很强的时代特征，这些词汇的使用频率也会大大提升，甚至是成为一种文化流行的标志。在日常生活中，也会有人在源语的基础上增加一些外语。

伴随着各个国家之间交流的日益增多，越来越多的民族将会拥有共同的认知环境，国际通用的符号与名称也会越来越多。移译法的应用也会越来越广泛。

五、对译法

每一种语言都有各具特色的习语，由于文化背景不同，不同的语言习语的使用方法也各不相同。只是，人类的思维方式在特定的情况下是相同的，一种语言习语在另一种语言中也可以找到与之相对应的表达形式，表达的喻体可能会产生差异，但是语用的含义是接近的。这样的情况就可以使用对译法，将源语的表达方式用译语相对应的表达方式表达出来，不改变原有的文化内涵。

举例说明，"to have the ball at one's feet"翻译成中文就是"胸有成竹"，原意是指在做一件事情的时候，已经掌握了主导权，成功近在眼前，与汉语中的"胸有成竹"所表达的含义接近，这种情况是可以翻译成胸有成竹的。再如：

① to shed crocodile tears 猫哭老鼠

② to laugh off one's head 笑掉牙齿

③ to spend money like water 挥金如土

④ a drop in the ocean 沧海一粟

⑤ wait for gains without pains 守株待兔

使用对译法翻译并不代表在翻译的过程中可以随心所欲，还是要遵循翻译的原则，避免出现因文化的不同而产生差异。英语与汉语的一些习语虽然在字面上可以相互对应，但是内在含义却有很大的不同。

举例说明，汉语中的"说曹操，曹操到"翻译成英文就是"Talk of the devil and he will appear."。

实际上，在英语中"devil"是带有一定的贬义色彩的，但是汉语中曹操只是人名，没有褒贬的含义。如果这句话中使用对译的方法，就不能将原来的文化内涵很好地表达出来。

六、意象替换法

每一种语言在各自的发展过程中，都会形成自己的民族语言的特色与表达方式，英语与汉语也不例外。不管是汉语还是英语在翻译的过程中为了增加句子的形象性还会使用一些意象来表达特定的含义。

由于两种语言产生的文化背景不同，相同的意象所承载的文化内涵也就不同，在翻译的过程中也要注意这一点，不仅要完整地呈现源语信息，还要使目的语读者可以更好地接受。

英汉翻译的意象转换的例子还有很多，如下所示。

①拍马屁 kiss sb.'s ass

②挥金如土 spend money like water

③牛饮 drink like a fish

④像只落汤鸡 like a drowned rat

地域之间的差异也会形成文化之间的差异，文化的差异也会表现在语言的表达上。尽管不同的语言在表达相同的含义时，使用的意象不同，但是在翻译的过程中还是要准确、清晰地表示出句子的文化内涵，在翻译的过程中切忌过于死板。

七、语际表达

就某个共同对比基础来看，语言对比研究可帮助我们发现甲语言与乙语言在表达方式或表达结构上面具有哪些共同点和差异，从中梳理出对应或错位性对应表达方式，而这些对应或错位性表达方式可以推导出翻译过程中的指导策略。

（一）时间语义值与语际错位对应

将语言对比研究用于翻译研究的最佳途径可能是：关于某个共同对比基础，对甲语言的研究得出一组语义特征，然后看乙语言是怎样实现这些语义特征的表达的，进而推导出相应的翻译策略。就英汉语言的时体比较研究来说，其共同对比基础就是，在不同时态、体态的制约下，事态句所表征的与时间概念相关的语义特征，包括持续性、完整性、动态性（进行性）、点时性、短暂性等。

我们把由事态句所表征的与时间概念相关的语义特征定义为"时间语义特征",而由某一组时间语义特征构成的事态句时间语义特征,称之为"时间语义值"。

英汉两种语言突显不同的时体范畴,英语突显时态而又不缺体态,汉语突显体态而又不依赖时态。二者为了表征相同的时间语义值,必然动用不同的时间表达手段,体现为不同的句法结构方式。我们把两种语言有着共同时间语义值但句法表达结构或方式不同的现象称为"错位性对应"。当然,绝对的共同时间语义值似乎很难真正实现,因为不同语言对同一事态的认知和观察方式常有不同,比如汉语中以动态特征来感知事态的时候,英语则聚焦于该事态的静态特征。但我们不能偏离共同时间语义值来比较英汉时体、事态及其表达对应问题。

(二)错位对应与翻译策略推导

英汉语言在时体类型学特征上的差异,必然可导引出语际之间的翻译策略。这种策略具有预测性(假设性),而不是归纳性的。

从翻译的角度来看,甲语言所表征的一组时间语义特征,乙语言以其特有的表达方式或手段再现该组时间语义特征,实现为事态句的相同时间语义值。时间语义值成为考察两种语言变换不同表达方式的着眼点和落脚点。这种翻译上的推导仅仅是就语义而为语义的,称之为"语义翻译原则"。

"语义翻译"是英国翻译理论家纽马克提出的两种翻译模式之一。在纽马克看来,语义翻译试图在目的语句法和语义的限制内,再现原作者的准确语境意义;而交际翻译旨在使译文对译语读者产生的效果尽量等同于原文对源语读者产生的效果。语义翻译是个客观过程,主要关注传送者,重视的是原文的形式和原作者的原意,而不是目的语语境及其表达方式,更不是要把译文变为目的语文化情境中之物;而交际翻译是个主观性过程,主要关注接收者,译者试图以其自己的语言写出有点超越原文的文本,对原文文本中的晦涩、重复、歧义甚至是个人口头语等加以改造和完善,这是语义翻译所不允许的。

纽马克的语义翻译思想与通过考察英汉语言的时间语义值并由此推导翻译策略是不谋而合的。一方面,英汉时体问题的翻译策略推导过程是考察原文中的时间语义值是如何在目的语中得到准确再现的,而不是考察目的语读者的感受;另一方面,由英汉时体类型学特征差异而推导出的语际翻译策略具有客观性,为了准确再现甲语言中的时间语义值,根据乙语言的错位性对应而推导出相应的表达结构和方式,这类推导有着科学的依据,而非主观地对原文进行超越和改造。

语义翻译原则可以在不同的语言单位层次上进行，词汇层次、短语层次、句法结构层次、语篇结构层次。对于句法结构层次来说，我们可将甲语言中的句子依据不同的事态类型加以分类，在该分类基础上考察每类事态句所具有的时间句法结构特征，以及与该时间句法结构特征相联系的时间语义值；然后考察乙语言如何把这些相同的时间语义值表征出来。

为了实现从类型学特征出发到翻译策略推导和验证的研究目标，以"语义翻译原则"为引导，针对每一类时态、体态以及事态之间的相互制约关系探讨，可以遵循如下的分析步骤。

第一步，观察事态句的基本时间语义值。不同的时态、体态之下分析事态句的基础式以及时间语义特征。

第二步，考察事态句的时间句法特征。主要是指事态类型与时态，事态类型与语法体之间的制约关系。

第三步，错位性对应方式分析。以时间语义特征和时间句法特征为基础，考察英汉语可以何种错位性对应结构方式来实现相同的语义值，并推导英汉语中的句法结构对应方式。

第四步，翻译策略推导。根据错位性对应关系，提出英汉语际翻译的转换策略，将转换策略以规定的形式表达出来。

第五步，语料验证翻译策略。构建两种语库，一种是"汉译英"语料库，另一种是"英译汉"语料库。对推测出的英译汉或者是汉译英策略进行验证，得出翻译策略的概率。

第六步，归纳以及分析影响因素。有目的性地针对某项翻译策略，找出在相应语料库中的失律现象，并分析这种翻译策略的失律的影响因素。

第五章　多元文化视角下英汉词汇与句式翻译

词是可以独立运用的最小语言单位，也是翻译的基本单位。由于英汉民族间的共性与个性，英汉词汇和句式之间存在着共同点和差异之处。要想在英汉互译时更好地理解原文内容，并在目的语中选择合适的词语和句式来表达原文含义，就要了解英汉两种语言之间的共同和不同之处。本章主要阐述多元文化视角下英汉词汇翻译，以及多元文化视角下英汉句式翻译。

第一节　多元文化视角下英汉词汇翻译

一、英汉词汇种类

英语是表音文字，汉语是表意文字。表音文字是用字母来表示词语读音的文字系统，以语言的音节或音位为书写单位，相同的音节或音位用同样的符号来书写。而 right、write、rite；to、too、two 等，就是相同的音节和音位用不同的字母符号来写的，两组单词的读音一样，拼写却不同，意义也不同。表音文字与语言的语音物质材料有直接的联系，文字的字形要和读音形成一定程度上的统一。根据读音，人们就能辨认出它们所代表的词或语素这些意义单位。

根据书面符号所代表的语音单位，表音文字又可以分为音节文字、辅音文字和音素文字。日语书写中的假名就是一种音节文字。阿拉伯语、希伯来语、中国的藏语都属于辅音文字。音素文字是一种全面的拼音文字，现代民族大多使用音素文字，包括英、德、俄、法等传统地使用音素文字的语言，我国的汉语拼音方案现在也采用音素文字。

实际上，西方拼音文字走的是从概念经过语音的中介再到文字的曲线，拼音文字的字形和词义都只同语音形式发生直接联系。换言之，文字是"符号的符号"，要对语音负责，语音是第一性的，与概念直接发生关系。在表意文字中，字形与词义之间不仅存在着直接联系，还通过语音形式发生间接联系。汉语作为表意文字，其字形与词义的关系，与拼音文字有很大区别。表意文字的字形与词义的关系是直观的、环状的，而拼音文字字形与词义的关系是抽象的、线性的。西方字母文字与汉字在造字时，一个保持了与语音的统一，一个保持了与物象的统一。这两种不同的统一体现了两种取向：一个取向于语音，一个取向于物象，前者体现了逻辑思维，后者体现了形象思维。

就词类而言，英汉语基本相似，都有名词（noun）、动词（verb）、形容词（adjective）、代词（pronoun）、副词（adverb）、连词（conjunction）和感叹词（interjection）等。但是，汉语量词（measure words）发达。量词主要有两类，一类是名量词，如"一个人""两只鸡""三份报""四把椅子""五架飞机"；另一类是动量词，如"去一次""走一趟""等一下""念一遍""哭一场"。英语则少量词。汉语中说"一朵花""一盆花""一大捧花"，其中的"花"字没有任何形态变化。如果翻译成英语，就会碰到名词单复数的问题。

英语有冠词，如 the、a、an，但冠词的用法视具体情况而定。例如，air 作物质名词时，表示"空气"，不用冠词。例如，"Let's go out for some fresh air."（我们出去呼吸新鲜空气吧）。但当 air 泛指"空中"或"大气层中"时，须加定冠词。例如，"castles in the air"（空中楼阁）。

介词是英语里最活跃的词类之一，是连接词、短语或从句的重要手段。英语中各类介词共约 286 个。介词包括简单介词（如 with、to、in、of、about、between、through）、合成介词（如 inside、onto、upon、within、without、throughout）和成语介词（如 according to、along with、apart from、because of、with regard to）。与英语相比，汉语中介词的数量较少，使用频率较低。汉语中的许多介词都是从动词演变而来的，例如，过、到、进、沿等。汉语中的介词和连词经常可以省略，特别是在口语中。

另外，英语中的关系代词、副词在汉语中也少有对应的词类，因为汉语没有定语从句。汉语有语气助词，如"吗""呢""嘿"等，英语没有。在词类的使用频率上，英语中使用频率最高的为名词，然后是连词和代词，而汉语中使用频率最高的为动词。这主要是因为英语与汉语的最大差别在于英语呈静态，而汉语呈动态。英语中常用抽象名词，而且很多名词都是从动词变化而来的，具有动态的含义；而汉语讲究逻辑，不受动词形态变化的约束，使用较多的动词和大量的动宾结构，还存在连动式、兼语式等句式，具有动态性。因此在翻译时，需要运用一些词类转换的技巧。除了名词，英语中连词的使用频率也远远高于汉语，因为英语重形态结构，而汉语重内在联系。英汉翻译时，可用相应的省略法解决这一问题。另外，英语代词的使用频率也高于汉语，在做英译汉时也常常略而不译。

汉语是声调语言。声调是指音节高低升降的变化。声调不仅是语音表达的重要手段，还是辨别语义的重要手段。在很多情况下，同一字形，不同的读音可以表示不同的意义。汉语用拼音字母注音，一个音节一般由一个韵母和一个声母构成，一个音节往往表示一个汉字。汉语的音素分为声母和韵母两大类。在现代汉语中，声母一共有21个，韵母一共有36个。

英语是语调语言，用国际音标注音，英语音节的构成比汉语复杂得多，一个元音既可以和一个辅音构成音节，还可以和两个或以上的辅音构成音节。一个单词不仅可以由一个音节构成，还可以由多个音节构成。英语的音素分为元音和辅音两大类。英语国际音标共48个，其中元音20个，辅音28个。

二、英汉词汇构词法

（一）英语构词法

1. 派生法

所谓派生法，是指利用词根或词缀来构词的方法。英语属于黏附性语言，词根和词缀数量很多。派生法是英语构词法中造词能力比较强的方法之一。英语中的词缀可分为前缀和后缀，其中前缀在构词中对词义影响较大，对词性影响较小，而后缀对词义影响较小，对词性影响较大。

【示例】re-（再一次）+appear（出现）=reappear（再次出现）
safe（安全的）+-ness（名词后缀）=safeness（安全）
gold（金）+-en（形容词后缀）=golden（金的）

2. 复合法

复合法也称合成法，是指将两个或两个以上的词按一定的顺序排列在一起构成新词的方法。复合词是用复合法所构成的词汇，不受语法在词序排列上的约束，词义一般由原有词汇的词义组合而成。复合法由于使用较为灵活，在英语构词法中起到的作用非常活跃。

【示例】football（足球）
blackboard（黑板）

3. 转化法

转化法是指保持一个单词的词形不变，将其原有的词性转化成另一种词性的方法。由于转化法不改变词形，一般情况下，转化后的词汇其词义与原词的词义关系紧密。转化法主要包括以下几种。

①动词转化为名词。例如，answer（回答）—answer（答案）。

②名词转化为动词。例如，hand（手）—hand（递）。

③形容词转化为动词。例如，dirty（脏）—dirty（弄脏）。

④形容词转化为名词。例如，daily（每日的）—daily（日报）。

⑤形容词转化为副词。例如，real（真的）—real（真正地）。

⑥副词转化为动词。在英语中，还有一些副词可以转化为动词。例如，empty（空的）—empty（倒空）。

4. 混成法

将两个词混合到一起，各取两个词的一部分结合为一个新词的方法叫作混成法。用混成法所构成的词汇，其前半部分表明属性，后半部分表明主体。

【示例】news broadcast—newscast（新闻广播）

work welfare—workfare（劳动福利）

5. 缩略法

所谓缩略法，是取一个短语或词组中每个单词的首字母组合成一个单词。由缩略法所组成的词汇叫作字母缩略词。字母缩略词的读音分为两种，一种是将缩略词的字母按顺序读出，另一种是将缩略词作为一个单词拼读。

【示例】Information Technology—IT（信息技术）

radio detection and ranging—radar（雷达）

6. 截短法

保持词性和词义不变，通过截取原词的某些部分，从而构建新词的方法叫作截短法。截短法主要包括四种形式，即截头、截腰、去尾、截头去尾。

【示例】omnibus—bus（公共汽车）

kilogram—kilo（千克）

英语构词法有一个隐藏的特点，即英语不从整体来确定事物名称。例如，forest（森林）、willow（柳树）、cypress（柏树）、pine（松树）、poplar（杨树）等单词都是表示树木的词汇，但在词形上却难以看出这些词之间的词义关系，只能看出大概的发音，这反映出西方人的抽象思维。

（二）汉语构词法

1. 象形

通过描绘事物形状来构词的方法称为象形。例如，"川""田""禾"等。象形字是汉语的基础。许多指事字、会意字和形声字都包含了一些象形字部件。理解象形字的含义有利于理解指事字、会意字和形声字。

2. 指事

指事是指用象征性符号或在象形字上添加指示性符号的构词方法。指事字一般建立在象形字的基础上。例如，象形字"木"，在"木"的中间一竖下面加一横，代表树根，表达"本"的含义。

3. 会意

将两个或两个以上的字组合成新字的方法叫作会意。会意字的数量相对较少，字义分析主要靠推理和想象。例如，"森"由三个"木"组合而成，代表很多树木；"明"由"日"和"月"组成，表示明亮。

4. 形声

形声是指将表音符号和表意符号组合成新字的构词方法。一般情况下，形旁表示字义，声旁表示字音。例如，"湖""村""吓""供""笙"等。但随着汉语的不断发展，声旁的表音功能有了一定的局限性。

三、英汉词汇含义

（一）词义特征

英语词义最显著的特征是词义丰富、灵活多变。因此，要更多地根据上下文理解英语词义。例如，"grandfather"在英语中包括"祖父"和"外祖父"两种含义，需要根据上下文确定词义。再如，"aunt"在英语中包括多种含义，即"阿姨""姨母""伯母""姑母""舅母"，也需要根据上下文确定词义。一词多义的现象在英语中表现得十分突出。

汉语词义的主要特征是言简意赅、表意准确、辨析精细、形象鲜明。尽管汉语以单字为本，但其组词方式灵活，搭配能力很强，词义延伸能力也很强，因此词义也十分丰富。例如，"生"就具有很强的搭配能力，能延伸出丰富的词义，能表示与人生相关的一些词汇，如生命、生活、生长、生计、生育、生病、生平等；能表示"不熟"的含义，如生硬、生字、生僻、生肉、陌生等；能表示"学习者"的含义，如学生、实习生和招生等。

（二）词义范围

虽然英语词汇中有许多多义词，但是英语词汇的词义范围较窄，对事物的描述比较具体。英语中的单义词数量很多，但单义词只能描述一方面的特点，因此英语中对事物的分类十分详细。英语中的外来词很多，这些外来词推动英语词义更加精细化。随着英语的不断发展，一些多义词逐渐解体，演变为几个不同的单义词，还有一些词演变成新的词。

【示例】drought（拉）—draft（草稿）

urban（城市的）—urbane（有礼貌的）

curtsey（女子的屈膝礼）—courtesy（礼貌）

汉语词汇的词义范围较广。在汉语中，一词多义的现象也十分突出，词汇的含义要根据上下文来确定。汉语词汇的概括性要大于英语词汇。例如，汉语中的"空"具有很高的概括性，而英语中的"空"则有很多种情况，"empty"表示里面没有东西，"hallow"表示空心的，"vacant"表示未被占用的。汉语中"问题"的概括性也很广。要解决的问题在英语中用"problem"来表示，要回答的问题用"question"来表示，困难问题用"trouble"来表示，讨论的问题用"issue"来表示。英语中"经验"的含义也很多，知识用"knowledge"来表示，教训用"lesson"来表示，技巧用"skill"来表示，经历用"experience"来表示。

（三）内涵意义

在英汉词汇中，许多词汇不仅有概念意义，还有内涵意义。内涵意义不能单独存在，必须依附于概念意义，才能在人的头脑中产生某种联想。英汉词汇中有许多带有内涵意义的词汇，而且英汉词汇的内涵意义有一定的差别。例如，汉语中的"莲花"表示高洁、清廉，联想到"出淤泥而不染"，而英语中的"lotus flower"则没有这种内涵意义。再如，英语中的"individualism"强调个人价值的重要性，但在汉语中"个人主义"表示以自我为中心的自私心理趋向，属于贬义含义。英汉词汇不同的内涵意义反映了英汉民族不同的价值观念。

（四）词义对应关系

不管生活在世界的哪个地方，人类的生存都离不了衣食住行，喜怒哀乐，以及更高形式的实践活动，所有这些都构成了语言所要反映的内容。使用不同语言的民族对客观世界的实践活动具有相对一致性，体现在语言的表达上也往往具有相对一致性。然而不同地区的人的活动形式受当地的主客观条件的制约是有其差异的，这就使得他们的语言系统中词语的指称意义也有相应的差异和共同之处，英汉语言也不例外。英语和汉语都有丰富的词汇，这些词汇存在着一定的对应关系。总的来说，英汉词语在词义方面存在着以下三种对应关系：基本对应、部分对应和词汇缺省。

1. 基本对应

英汉语言中意义完全对应的词是罕见的。能真正对应的词主要是一些专有名词和专业术语。这些词语有一个共同特征，即含有的特定文化意义比较少。因此在翻译的时候也比较容易处理，只需要采用直译的方法将其字面意思译出即可。值得注意的是，虽然基本对应的词一般可采用词字对应的译法，但有时为了达到某种特殊效果，也可以采用意译的方式进行翻译。

2. 部分对应

由于英汉两种语言分别属于不同的语系和不同的民族，因此在一种语言里往往很难找到与另一种语言完全同义的词语。英语和汉语中大多数词语都是属于部分意义对应，即某些意义相同，但绝非所有意义完全相等，这是因为人们对客观事物划分的范围以及详细程度并不相同。具体来讲，英汉词义部分对应还可以分为以下几种情况。

第一，英语中一词多义的现象比较常见，一个词所表示的意义往往是汉语中多个词的意义的总和。例如，school 表示上学、授课时间、学派、研究所、院系、学校。汉语中一个词语也可以对应多个英语词语。例如，杯子对应 glass、cup、tumbler。英汉语中一词多义的现象提醒译者在英汉互译时，应根据具体语境来判断英语词语的确切含义，并用恰当的词语表达出来。例如，如果把含有"take off"的句子或短语"The plane takes off""take off the coat"和"The economy takes off"翻译成中文，就不能将"take off"直接译为"起飞"，而应根据具体情况和前后语言环境，分别译为"飞机起飞""脱掉外套"和"经济腾飞"。

第二，英语中部分对应的词语除了一词多义外，还有一些词是部分重合的，即词语中的某个义项是重合的，但仍有其他义项是不对应的。例如，英语中的动词有的既有过程意义又有结果意义，而汉语中的动词一般只有过程意义，如"break"既有"砸"的意义又有"碎掉"的意义，对应的是汉语词语"砸碎"，所以当汉语"砸"译为英语时，就不能直接译为"break"。此外，汉语中的词语组合用英语表达时只是部分对应。

部分对应的词语大多是一词多义，这类词语对上下文的依赖性较大，其中英语词语尤其如此。因此在翻译时一定要注意综合上下文的逻辑关系，在许多不同的词义中选出最确切的词义。

3. 词汇缺省

英汉词语在词义上的第三种对应关系是词汇缺省，即汉语中有些词汇在英语中找不到相对应的词，或是英语中的某些词汇汉语里没有。词汇缺省往往是因为自然环境、历史文化、民族风俗、文化科技等方面的差异导致一种语言中的概念在另一种语言中缺失。例如，由于气候寒冷，经常下雪，因纽特人的语言中关于"雪"的词语不下于十几种，而在气候比较温暖的其他地区，关于"雪"的词语往往就比较少。

中国和英国有着自己特色的历史文化和民族风俗，因此许多有关特色文化的词语都是在对方语言中找不到对应词的。再者，汉语语言中含有量词，如"一个人""一棵树""一件大衣""一把伞"中的"个、棵、件、把"。而英语中却只有数字，没有量词，从这几个词语的翻译"a person""a tree""a coat""an umbrella"中可以看出。

此外，词汇缺省的现象还大量存在于一些新词中，包括专有名词和术语以及一些反映代社会现象的词语。随着当今科学技术的迅猛发展，人类进入知识大爆炸的时期，许多新词层出不穷。然而，由于各国家的发展并不是同步的，同样地，语言发展的速度往往也不是同步的，这就造成了一些语言所表达的意义在另一些语言中找不到对等的表达方法，从而给翻译造成了很大的困难。

当一个语言中的词汇的意义不能在另一个语言中找到现成的词语，也就是词汇缺省时，一般采用解释、音译或两者结合的方法来解决对应词语空缺问题。

四、英汉词汇形态

（一）内部形态

西方语言学中的构词法也叫形态学，汉语研究中只有构词法而没有西方经典的形态学。形态学中的语素是指语言中最小的有意义的单位，它分为自由语素和黏着语素两类，黏着语素又可分为词根和词缀。缀合法就是语言中的词汇通过添加词缀而改变词义或词性，词缀分为屈折型词缀和派生型词缀两类。西方语言主要通过缀合法来实现构词或给加上语法标记，使词与词的组合关系一目了然。例如，派生型前缀 un-、non-、in- 等可表示否定含义，而派生型后缀 -ness、-er、-ment 等除附加新词义外，还可表明该词语的词性为名词。

在现代汉语语法学中，有一个与英语"morpheme"大体相当的概念，这个概念开始是"字",后来被称为"词素"或者"语素"。由于汉语缺乏明显的形态标记,汉语词性往往要通过它在句子中的词序或位置加以判别。可以说词序和搭配在汉语里是重要的语法手段。

(二)附加形态

英语附加形态包括名词单复数,动名词,动词时态变化,不定式,形容词和副词比较级、最高级,以及代词的主格、宾格、所有格等形式,表示词在句中的语法功能。汉语没有词形变化,因此要根据词序来确定词在句子中的词义和语法作用。虽然汉语也有一些"词头""词尾"变化,如词尾"×子",可以指人,如孩子、胖子等,也可以指物,如箱子、刷子、椅子等,还可以指时间,如日子等。类似的还有"×儿""×员""×们",等等。

汉语词形变化比较少,而且它们只是相当于类词缀,派生能力弱,所以说汉语是以分析型为主的语言。例如,"我感到很痛"翻译成英语,只能说"I feel great pain."而不能说"I am painful."因为"painful"表示"使人痛苦的,让人疼痛或讨厌的",它的主语往往不是人,而是事物或人体的某个部位。例如,"My left foot is painful."(我的左脚痛)"The lessons are painful."(教训是惨痛的)等。"我感到很痛"如要说成"I am painful."别人会以为你全身带电或浑身长刺,别人碰了你就会疼,是你让别人痛苦,而不是你自己痛苦。如果两只脚因走路太久而疼痛,可以说"My feet are killing me after a long walk."。

(三)外部形态

外部形态包括助动词(be、have、do、shall、will),情态动词(shall、will、would、should),比较级、最高级中的 more、most 等,表示时态、语态、语气等语法意义。例如,英语中 book 表示书的单数,books 则表示书的复数。也可以借助词汇元音互换或辅音互换来表示复数,如 foot(脚,单数)、feet(脚,复数)。英语陈述句中现在时态单数第三人称要加 s,或借助词根形式表示时态。英文用形态表示时态,而汉语却用词汇手段表示。

【示例】I am writing a letter now.

【译文】我现在正在写信。

【示例】I wrote a letter yesterday.

【译文】我昨天写了一封信。

【示例】I have written a letter a week before.

【译文】我一周前就已经写了信。

【示例】I shall write a letter tomorrow.

【译文】我明天写信。

同样都是行为动词"写"字,汉语只用一个"写"字,英语只有第四句用原形write,其余三句都用不同的词形变化来表示"正在写""写了""已经写了"。汉语"写"本身没有词形变化或时间观念,只能借助助词、副词或上下文来表示时间观念。英语原文中的时间副词都可省略,不影响意义表达,而汉语如果省略时间副词,含义就不清楚了。

现代英语不断从综合性语言向分析性语言发展。在现代英语词汇中,许多名词和形容词已经失去了词汇形态变化,因此名词和形容词的搭配就不要求性、格和数等方面的一致。在英语中,句子的顺序也逐渐固定下来,和汉语句子中主干部分的词序基本相似。

英语靠词形变化连词组句,运用形态变化来营造语法关系。英语的形合手段主要有形态变化和形式词这两种形式。形态变化,如英语名词有单、复数之别,非谓语动词形式有不定式、现在分词和过去分词,其形合作用十分精微。

汉语词汇缺乏形态变化,汉语的词用在句子里时,没有表示语法关系的词形变化,汉语名词不会改变自身的形式变为复数,汉语动词也不会发生形态变化,但可以借助一些半独立的词语来表示,隐含在句中。英语中没有汉语中的量词(如个、把、件、双、笔等)和语气助词(如乎、也、者、啊、吧等)。因此,在英译汉中,译者应根据英汉在词汇形态上的差异,采取相应的措施。

(四)表达倾向

英语中多使用名词,因此为静态表达倾向;汉语中多使用动词,因此为动态表达倾向。英语的静态倾向主要表现在英语常常用名词、介词短语、形容词或副词等表达动词的意义,其动词相对弱化或虚化。而汉语的动词则非常活跃,动词或者动词词组几乎可以充当句子的任何成分。连动式和兼语式的句子至少包含两个或两个以上的动词。英汉在这方面的区别与关联主要表现在以下方面。

英语中的名词用法非常广泛,经常用来表达原本属于动词表达的信息。

【示例】The present onslaught of vehicles poses a serious threat to urban life and pedestrian peace of mind.

【译文】当前,车辆横冲直撞,严重地威胁着城市生活,路上行人无不提吊胆。

【示例】Be part of our growth.

【译文】和我们一起成长。

英语名词表达的优势是造句灵活、表达简洁、行文流畅,能表达较为复杂的思想内容。但是名词化的不足也很明显，过分使用名词会使行文冗长、含糊、缺乏活力和动态感。

英语可以通过加后缀的方式（如 -er/-or/-ar）将动词转变为名词，这些名词既可以表示动作的执行者、身份、职业等，又保留原来动词的意义。译成汉语时往往依然需要将之译成动词。

英语擅长名词连用，构成结构简单、词数少而信息量大的短语，反映了现代英语追求简洁的总趋势。英语的名词作定语有很多功能和意义。名词作定语大大缩短了句子，甚至可以几个名词连用作定语，使表达简洁。

【示例】school examinations board 学校考试委员会

animal rights group 动物权利组织

汉语动词的连用现象非常普遍，如"你快给他打电话叫他来把车开走，把车位腾出来"。除了汉语的动词连用现象，还有动词叠用。

英语常常用形容词或副词表达动词的意义。

【示例】Don't be so difficult！

【译文】不要刁难人！

汉语中的形容词有时候甚至被当成动词来用，如富国强兵。

由于英语中多使用名词，与名词相搭配的介词也随之增多，同时动词就会相应减少，这就使英语的静态倾向更加明显。英汉之间越来越频繁的互动使得两者呈现出趋同的倾向，很多英语中的静态用法也在影响着汉语的表达。"英语中的介词不仅仅用来表达与之对应的汉语中的介词的效果，还可以用来表达汉语中只有动词才能表达的意思。"因此在英译汉中，常常要将原文的名词译成动词，原文的静态转换为动态，以符合汉语的表达习惯。

【示例】Hearing Debs was an experience.

【译文】听德布斯演讲可真带劲。

【示例】Reading makes a full man; conference a ready man; and writing an exact man.

【译文】读书使人充实，讨论使人机智，写作使人严谨。

汉译英中，经常要将原文的动态转化为静态，以符合英语的表达习惯。

①英语常常用"介词+名词"等短语取代汉语中的动词短语。

【示例】冒险 be at risk/be at stake

免不了遭受 be in for

不知他们是赞成，抑或是反对。

I wonder if they are for or against this.

有人给他撑腰。

He has someone behind him.

②用施事名词或其他名词化用法取代动词。

【示例】再试一次 have another try

晕船 be a bad sailor

他上课时不停地看表。

He is a clock-watcher in the class.

她好说别人闲话。

She is a gossip woman.

五、英汉词汇文化翻译问题

（一）词汇空缺

汉语和英语都有其独特的语音、语法和词汇系统，都有独特的概念和思想。英语和汉语之间虽然存在着一些共性，但更多地呈现出其自身的特性，其特性表现在词汇上会形成概念的不对应，即词汇空缺。

在英汉词汇翻译中，译者应仔细揣摩由词汇空缺造成的文化冲突，了解词汇背后的文化内涵，可转换角度，寻找变通的方法，将源语言的内涵传递给读者。变换角度是处理词汇空缺的重要手段。

（二）语义空缺

语言是文化的载体，是各民族精神的外在表现。不同民族处于不同的文化背景，会形成不同的价值观念和思维模式，从而造成语义空缺。译者在英汉翻译中应该遵循语义优先的原则。

英汉词汇中存在许多概念意义相同，但内涵意义不同或者缺项的词汇。例如，汉语中的"杜鹃"不仅是一种鸟的名称，还是一种花的名称。"杜鹃"作为一种鸟，在汉语中的内涵意义是离别、悲凉、哀伤和思念，其英语对应词为"cuckoo"，但其内涵含义却是拆散他人骨肉的人；作为一种花，"杜鹃"在汉语中可表达爱意，其英语对应词为"azalea"，但是"azalea"和"cuckoo"都没有汉语中的内涵意义。由此可见，汉语中的"杜鹃"和英语中的"azalea""cuckoo"存在文化缺项。

英汉语言中都存在许多一词多义的词汇。同一个词汇，在不同语境下可能会产生不同的含义。译者在翻译时要把握语境，了解词汇的真实含义，以解决语义空缺的问题。例如，"醋"在两种不同的语义环境中就可能内涵不同。在汉语中，与"醋"相关的词语都表示了嫉妒关系，如"吃醋""醋意"等，但在英语中"vinegar"却没有这层文化含义。再如，汉语中的"松""鹤"有长寿的文化含义，与其搭配的很多词语都有长寿的寓意，如"松鹤延年""鹤发松姿"等，但英语中的"pine""crane"却没有这层文化含义。

在英汉语言交际中，语义空缺需要根据词汇的实际语境去弥补。语境不仅受到语言因素的影响，还与客观世界的具体事实相对应，与交际者的个人背景相关。译者需要充分考虑以上多种因素，才能恰当处理词汇空缺和语义空缺的问题。

六、英汉词汇文化翻译技巧

从上述内容可知，英汉词汇有着不同的特点，在很多方面都存在差异性。要想进行英汉词汇翻译，就应掌握足够的翻译技巧，了解一定的文化背景知识。下面介绍几种英汉词汇翻译技巧。

（一）寻找对等词

所谓寻找对等词，就是在目标语中寻找与源语言词汇含义相同或相近的词汇。由于英汉词汇都有一词多义的特征，因此在翻译过程中要根据具体语境，选择最恰当的词汇进行翻译。

【示例】As luck would have it, no one was hurt in the accident.

【译文】幸运的是，在事故中没有人受伤。

【示例】As luck would have it, we were caught in the rain.

【译文】真倒霉，我们挨雨淋了。

（二）转译法

由于英汉语言的词汇在类别上不是一一对应的，因此译者在翻译过程中需要将原文词汇的词性转换成目的语中的另一种词性。转译法使译文更加通顺，更加符合译入语的表达习惯。但需注意的是，转译法不可胡乱转换，应保持原文意义。

【示例】The operation of a computer needs some knowledge of its performance.

【译文】操作计算机需要了解它的一些性能。（名词转换为动词）

【示例】...and that government of the people, by the people, for the people...

【译文】民有、民治、民享的政府。（介词转换为动词）

【示例】All the students say that the professor is very informative.

【译文】所有的学生都说那位教授使他们掌握了许多知识。（形容词转换为名词）

（三）拆译法

当原文中的句子较为复杂，较难将原文信息转化为译文信息时，可以将长句进行拆分，用简单的短句来表达长句。需注意的是，运用拆译法的前提是保证原文意思不变，不可对句子进行盲目拆分。

【示例】There is also a distressing possibility that Alunni isn't quite the catch the police thought.

【译文】还存在这样一种可能性，被抓住的阿路尼不见得就是警察所预想的那个人，这种可能性是让人泄气的。

（四）增译法

由于中英双方的文化存在差异，一些词语如果直接翻译就可能使意义模糊不清，表达不清晰明确。因此，译者在忠实于原文意义的基础上，可对原文信息进行增减处理。翻译时常使用增译法，即在原文内容的基础上增加一些必要的词语，以更加完整地表达出原文的含义，使译文从整体上更加严谨、清晰，且符合目的语的表达习惯。增译法从本质上而言是为了更加忠实于原文且保证译文的质量，在内容、形式和文化背景与联想意义上与原文相对等。

【示例】Day after day he came to his work—sweeping, scrubbing and cleaning.

【译文】他每天来干活——扫地、擦地板、收拾房间。

（五）省译法

由于英汉语言在文化、表达习惯等方面存在差异，因此，在翻译时除采用增译法之外，相应的还需使用省译法。省译法就是将原文中表达的一些内容进行省略，因其在译文中显得多余又没有什么实际意义，故将其进行省略。需注意的是，删减不是随意进行的，而是要做到"减词不减意"。

【示例】Different kinds of matter have different properties.

【译文】不同的物质具有不同的特性。

【示例】In spring the day is getting longer and longer and the night shorter and shorter.

【译文】春季白天越来越长，夜晚越来越短。

第二节 多元文化视角下英汉句式翻译

一、英汉句子语序

美国著名心理学家卡尔·罗杰斯认为，尽管人习惯于把自己看作智能生物，但实际上，人的行为远没有摆脱感情的制约。人也是情感生物。人的行为，包括语言行为，也受情感因素和性格因素的影响。英汉民族情感或性格的一个重要差别就是英语民族倾向于直接性，而汉民族倾向于间接性。所谓直接性就是说话直来直去、开门见山。所谓间接性就是说话委婉含蓄。尽管直接性程度因人而异、因交际情景而异、因民族而异，但一般说来，西方人比中国人更富直接性，英语民族比汉民族更富直接性。

英语民族由于倾向于直接性，习惯将核心词放置于表示非核心意义的修饰语前面。如果修饰语比较短，可以将修饰语放置在核心词前面，但如果修饰语比较长，就必须将修饰语放置在核心词后面，以保证核心词尽早出现。汉语民族由于倾向于间接性，习惯将核心词放置于表示非核心意义的修饰语后面，将重要的信息留到最后，这符合汉语民族含蓄的性格。

英汉语言在地址、日期等方面的语序差异也体现出英汉民族的直接性和间接性差异。英语民族倾向于直接性，因此把最具体的信息放在前面，而把具体性差的信息放在后面，而汉语民族倾向于间接性，因此把具体的信息放在后面，把具体性差的信息放在前面。

英汉语言在疑问句方面也体现出性格差异。汉语中的疑问信息主要位于句尾，而英语中的疑问信息主要位于句首。将疑问信息置于句尾符合汉语民族的间接性性格，置于句首符合英语民族的直接性性格。

由于英语是以综合型为主向分析型过渡的语言，有较丰富的形态和语法手段，所以英语中有很多倒置现象。汉语是分析型为主的语言，语序相对固定，很少有语序倒置现象，主谓倒装句也多出现于口语中。因此，将英语倒装句译成汉语时，一般采取正常语序（"主＋状＋谓＋宾"的结构），有时需根据具体情况加入一些象声词或副词，以增加句子的动感。

定语是句子中的重要修饰成分，主要修饰主语和宾语，用来说明事物的属性、特征和类别。英语中的定语位置较为灵活，主要分为两种情况，一种情况是用单词作定语时，将定语放在被修饰词前，另一种情况是用短语或从句作定语时，将定语放在被修饰词后。汉语中的定语位置较为固定，一般都放在被修饰词前。因此，翻译定语时要根据各自特点做相应的调整。

状语是也句子中的重要修饰成分，可用来修饰动词、形容词、副词和整个句子，说明句子的原因、方式、条件、结果、地点、时间等。状语通常由副词类（名词短语、介词短语、不定式、分词、副词）充当。英语中状语的位置也较为灵活，主要分为两种情况，一种情况是以单词作状语，可将状语置于句首、句中或句末，另一种情况是状语较长，要将状语置于句首或句尾，不放在句中。汉语中状语的位置比较固定，通常放在被修饰词的前面，先交代事情发生的背景情况。英汉互译时，有时需对状语的位置做相应的调整。

二、英汉句式结构

东西方民族思维方式不同，表达方式和语序也不同。东方民族思维形式重在综合，汉语注重整体和谐，句子结构以动词为中心，以时间顺序和空间顺序为语序链，形成流水型句式结构。潘文国教授认为，英语句子是树式结构，重形合，多用替代；而汉语句子是竹式结构，重意合，多用重复。汉语多流水句，一小句接一小句，如竹子一般，用节节短句逐点交代，把问题层层展开，往往将句中次要语义部分放在句首，将语义重心放在句子的末尾。

形合句的突出特点是树式结构。所谓树形结构，有三层意思：①句子有一个基本的主干；②所有的枝权都是从主干上分叉出来的；③句子的复杂不影响句子的基本主干。基本主干就是指主谓一致的原则。英语句子以主谓结构为句子主干，以谓语动词为句子中心，通过各种反映形式关系的动词不定式、介词、分词、连词、代词等将其他句子成分构建起来，形成由中心向外扩展的空间形式。而在汉语句子中，结构较为松散，主要是以意役形，句子成分之间的关系是意义暗示。

此外，从主语方面来看，汉语句子中经常省略主语。在有主语的情况下，则多为人称主语。英语句子重主语，除口语外，主语在英语句子中一般不能省略，且多为表示事物的物称主语。

英语传承古希腊文的传统，对句子的逻辑连贯性有着非常严格和规范的要求。在希腊文的传统中，词语的逻辑顺序和思维的逻辑形体是默契一致的。古代希腊出了很多著名的演说家和逻辑学家，像苏格拉底、亚里士多德、柏拉图、安缇芬、安多西德等，他们都是最为雄辩、最为杰出、最负盛名的口才家，他们在演说和辩论的过程中，养成了严密的思维和强大的逻辑能力，能在语言的细微之处找到别人表达上的疏漏，从而在语言辩论中战胜对方。所以，在英语的句子逻辑结构中，他们用清晰合理的词法和句法来表达他们清晰合理的思维内容。在杂乱无章的语言表达中，一个人的思维逻辑肯定也是紊乱的，而杂乱无章的语言表达是没有意义的。在这样的逻辑背景下，英语特别注重句子之间的形合，通过词语、逻辑关系来排列形式完全吻合的句子，从而充分表达说话者的逻辑思维。

在汉语中，逻辑学研究出现得就比较晚，表达习惯也是注重直觉的感受，强调表达中的意念交流，认为只要能够充分表达我们的思想就可以了，而词语和句子的形式是次要的。汉语中词语之间的关系，甚至句子之间的关系，都是隐藏在它们所表达的意群之中，隐藏在字里行间的。一些古代中国学者认为只要把所想表达的意思充分表达出来即可，可以不用注重其中的表达形式。

在语言的逻辑关系中，句子内部或句子之间通常采用以下三种方式进行连接，即词汇手段、句法手段以及语义手段。其中前两种手段注重语法，第三种是通过相关的句子含义来进行逻辑关系连接的手段。

三、英汉被动句式

（一）英汉被动句的差异

1. 动作与状态

英语的被动句可以表示动作，也可以用来表示状态，但是汉语的被动句只表示动作，不表示状态。

【示例】The lake is surrounded by trees.（表示状态）

【译文】湖的周围全是树。

【示例】She was surrounded by reporters.（表示动作）

【译文】她被记者包围住了。

2. 感情色彩

汉语中表示被动的"被""遭受"往往表示对主语而言不太期望或者预料之外的事情，而英语却没有这样的限制，表达中性的意义。因而英语基本上所有及物动词的主动句均可改为被动句，但是汉语却受到局限。

【示例】I hope he will be happy all his life, for he is loved by all of us.

【译文】我希望他一生快乐，因为我们都深爱着他。

【示例】Care should be taken to see that the letter is properly addressed.

【译文】注意看看信的地址是否写对了。

3. 施事主语

英语使用被动句的原因之一就是施事者不明，所以英语大多数被动句不必说出施事者。但是汉语的"被"后面一般是要带宾语的。所以英语中这类被动句被译为汉语的主动句。

【示例】What is demanded then is a return to these truths.

【译文】现在需要的便是重归这些真理。

（二）英汉被动句的融合

汉语受英语的影响，出现了很多欧化表达，如"爱与被爱"。另外，"受到""被"字后面也常常不加动作的实施者，或者采用直译被动句的方式，使得汉语中的被动句式出现增加态势。

【示例】He doesn't feel he is accepted.

【译文】他感觉自己不被接纳。

【示例】Computer software is constantly updated.

【译文】电脑软件不断被更新。

汉语中出现了"被＋动词"或者"被＋名词"的"被"字表达，如被捐款、被代表、被就业、被义务献血、被志愿、被生活、被辞职、被小康、被幸福、被拆迁人、被代表作、被加薪、被平均、被失踪等。

（三）主被动句式转化

英语习惯用被动句，汉语习惯用主动句。因此在英汉句式翻译中，句式转换是一种常用的技巧。主要有下面几种主动和被动转化的类型。

①汉语作为形合的语言，无主句是汉语中常见的一种句式。对于英语中没有施事者的被动句，汉语可以采用无主句或主语省略句来保持句子的主动形式。

【示例】What kinds of toolkits would be needed？

【译文】可能会需要什么类型的工具包呢？

②汉语中的谓语部分可以由一个主谓结构来担当。这为翻译英语中的被动句式提供了方便。

【示例】Every college student is required to study English.

【译文】英语课每个大学生都需要上。

③可以直接通过主语和宾语位置互换的方式将英语的被动句转化为汉语的主动句。

【示例】He is taken good care of.

【译文】有人在悉心照顾他。

④当施事者不明时，英语很少用 somebody、everybody、the people 这类含糊的词语作主语，宁肯用 it 作形式主语。

【示例】It is believed that...

【译文】人们相信……

⑤汉语习惯用通称或泛称作主语，如"人家""有人""人们""大家""人""别人""某人"等，因此用泛称主语句来翻译英语的非人称被动句是一种常见的处理方式。

【示例】The tall tree was seen blown down.

【译文】有人看见那棵大树被刮倒了。

⑥英语的被动式译成汉语时，若不便使用被动式时，则常常采用"处置式"，即"把字式"或"将字式"，来表达被动意义，即表示施事者对受事者的处置或支配行为。

【示例】Her land was fenced by Jack.

【译文】杰克把她的地围了护栏。

四、英汉否定句式

在否定概念的表达方面，英汉两种语言在表达形式上迥然不同。就表达方式而言，英语使用词汇手段和句法手段，而汉语主要使用词汇手段。总体而言，英语否定结构的形式要比汉语丰富得多、复杂得多。在英语表达中有否定焦点转移的现象，也就是说，形式上否定词否定的是句子中的某一成分，实际上否定的却是另一成分。另外英汉两种语言在叙述同一件事情或表述同一思想时，英语倾向于从肯定的角度来说，即"正说"，而汉语习惯从否定的角度来讲，即"反说"。

（一）英语否定句

英语主要使用两种手段来表达否定概念：第一，像汉语那样使用词汇手段，英语中表达否定概念的词汇比汉语丰富得多。这些词既可以是否定词或半否定词，如 not、none、never、no、nor、neither、hardly、seldom、nowhere、nothing、nobody 等，也可以是一些形式上肯定而意义上否定的词汇，如 fail、miss、deny、absent、far from、short of 等。第二，采用句法手段，如运用一些固定结构或固定句型，如 more...than、would rather...than、too...to... 等。

1. 否定概念的表达形式

英语中否定概念的表达形式多样，大致分为四种：全部否定、部分否定、半否定和双重否定。翻译时要注意它们之间的区别，否则很容易把原文意思搞错，也就影响了译文的准确性。

（1）全部否定

英语中表示全部否定时经常用否定词 no、not、none、never、neither、nor、nothing 等，还有一些短语也表达全部否定的意义，如 not at all、not in the least、by no means、in no way、none other than 等，翻译时应考虑到两种语言在形式和意义上的对应关系。

【示例】Nobody is in the classroom now.

【译文】现在教室里没人。

【示例】We have never seen the film before.

【译文】我们以前从没看过这部电影。

（2）部分否定

英语单词 not 表示全部否定，但当与 all、both、every、everyone、everything、completely、absolutely 等搭配时，表示部分否定。译成汉语为"不全是、不都是、并非都、未必都"等。翻译时要特别注意全部否定和部分否定的区别，否则会歪曲原意、造成误解。

【示例】Not all students are diligent.

【译文】不是所有学生都用功。

【示例】She is not completely mistaken.

【译文】她并没有完全弄错。

此外，英语中 but、except 与 all、everything 等词连用时也可表示部分否定，通常译成"除了……以外，不包括……在内"，但与表示否定意义的词语连用时，则要译成汉语的肯定形式"只……，就……，总是……，都……"。

【示例】You can take anything but the books.

【译文】除了这些书以外，你什么都可以拿走。

【示例】There is no rule but has exceptions.

【译文】凡是规则，都有例外。

（3）半否定（不完全否定）

这种类型的否定句表示整个句子的意思接近否定。常用词有 little、few、barely、hardly、rarely、scarcely、seldom 等，通常翻译成"很少……，几乎不……，几乎没有……，简直不……"。

【示例】I know little Japanese, I learned it for few weeks.

【译文】我不太懂日语，因为我学了没几个星期。

【示例】A more suitable place for the gathering can scarcely be found.

【译文】几乎找不到更好的聚会地方。

（4）双重否定

双重否定指的是同一个句子中出现两个否定词，语气往往更加强烈。英语中的双重否定不仅能表示否定之否定，又可以表示肯定，有时还能兼顾两者。因此，在英译汉时，要根据语境和表达效果的需要，用适当的汉语形式表达出来。

2. 否定焦点转移

英语中的否定焦点时常发生转移，此类现象常见且复杂，其形式上紧跟在否定词后面的成分常常并不是要否定的焦点，焦点可能转移到句中的其他成分上。汉语中也有否定焦点转移的现象，但否定焦点一般紧跟在否定标记词"不、没有、并非"等的后面，相对而言是比较明确的。因此，英汉翻译时，首先要准确把握原文中的否定焦点，然后转移否定焦点，即语义上否定哪一成分，就在该成分前面加上否定标记"不、没有、并非"等。

①否定主语译成否定谓语。

【示例】No energy can be created, and none destroyed.

【译文】能量既不能创造，也不能毁灭。

②否定宾语译成否定谓语。

【示例】We know of no effective way to store solar energy.

【译文】我们没听说过储存太阳能有什么有效方法。

③否定谓语译成否定主语。

【示例】Every man cannot be a good salesman.

【译文】不是所有人都能成为优秀的销售人员。

④否定谓语译成否定状语。

【示例】I didn't do it only for my own sake.

【译文】我这样做不仅仅是为了自己。

⑤否定谓语译成否定宾语从句谓语。

英语中有些动词，如 think、believe、guess、suppose、imagine、anticipate、reckon 等，通常表达想法或判断等情态意义，这些词后的宾语从句若有否定意义，否定成分往往转移到表达情态的动词上。因此，英译汉时，可以将否定成分转回到与宾语从句对应的表达中。

【示例】I don't suppose they will reach an agreement.

【译文】我认为他们不会达成协议。

（二）汉语否定句

汉语的否定概念主要通过词汇手段来表达，否定句式一般都带有否定标记。

最常使用的否定词有不、无、否、非、没、莫、勿、未、弗、绝不、毫无、没有、并非、未尝等。

【示例】请勿吸烟。

无风不起浪。

在英汉两种语言中，叙述同一事物或表达同一思想，可以使用肯定或否定的表达方式，既可以正说，也可以反说。原则上讲，英汉互译时，通常的做法是正说正译，反说反译。但是，由于英汉两种语言在表达习惯等方面迥然不同，如果一味按照原来的表述方式进行翻译，则在审美情趣、表达习惯等方面有悖于译入语，而从相反的角度翻译或许会达到更好的效果。由此，就产生了正说反译、反说正译。采用这种翻译方法的目的就是要适应目的语的表达习惯和审美情趣，使译文表达地道、通晓顺畅。

具体而言，正说指句子中不含表达否定意义的词汇。反说在英语中是指句子中使用了no、not、nobody、nowhere、none、never、nobody、nothing等或带dis-、im-、in-、un-、-less等含有否定意义前后缀的词语；反说在汉语中是指句子中使用了诸如"无""非""不""否""未""勿"等含有否定意义的词语。英汉互译中，在翻译否定句时，有时需要进行正反转换，即将正说处理成反说，或者将反说处理成正说。

英语中有许多从正面表达否定概念的词汇、短语和固定结构，但实际表达的是否定含义。将其翻译成汉语时，要使用含有否定词语的汉语句子，从而使译文从反面着笔进行表达。英译汉之所以采用正说反译，是因为英语中用肯定形式表达的否定概念，只有用汉语中的否定形式表达才能符合汉语的表达习惯。并且，有时翻译成汉语的否定句可以起到强调的作用。

【示例】The bomb missed the target.

【译文】炸弹未能击中目标。

此外，英语中形式肯定、意思否定的短语很常见，一般都要翻译成汉语的否定句，如far from、free from、but for、anything but、rather than、instead of等。

【示例】He helped the poor girl, instead of laughing at her.

【译文】他没有嘲笑这个可怜的女孩，而是帮助了她。

与之相反，有时英语习惯从反面说，汉语习惯从正面讲。遇此情况，要将英语译成汉语的肯定句，使汉语译文从正面着笔来进行表达，以符合汉语的表达习惯。这样既能确切表达原文的意思，又能措辞得当、自然通顺。

【示例】The result of the poll won't be known until midnight.

【译文】投票结果要到半夜才能知道。

五、英汉从句

（一）名词性从句

英语名词性从句主要包括主语从句、表语从句、宾语从句、同位语从句。主语从句、表语从句以及宾语从句可以根据原文顺序进行直接翻译，而同位语从句，可以根据原文顺序翻译，也可以将从句提前。

【示例】What she told me was half-true.

【译文】她告诉我的是半真半假的东西而已。

【示例】She would remind people again that it was decided not only by herself, but by lots of others.

【译文】她再次提醒人们，这件事不仅由她决定，还包括其他许多人。

（二）定语从句

英汉语言中定语的差异除表现在定语位置上，还表现在定语从句的发展方向上。一般情况下，汉语中定语从句的发展方向为左，而英语中定语从句的发展方向为右。可采取以下几种方式翻译定语从句。

①翻译成汉语中的"的"字结构。

【示例】He was an old man who hunted wild animals all his life in the mountains.

【译文】他是个一辈子在山里猎杀野兽的老人。

②翻译成并列句。

【示例】She was a unique manager because she had several workers who had followed her around from company to company.

【译文】她是个与众不同的经理，有几个工人一直跟着她从一家公司跳槽到另一家公司。

③翻译成状语从句。

【示例】She also said I was fun, bright and could do anything I put my mind to.

【译文】她说我很风趣，很聪明，只要用心什么事情都能做成。

（三）状语从句

在进行英汉状语从句翻译时，可将英语的状语从句翻译成汉语的并列分句。

【示例】She shouted as she walked.

【译文】她一边走，一边喊。

六、英汉长句

（一）英汉长句分析

一般情况下，英语中的长句由基本结构扩充而成，这种句子除基本结构外，还包含短语、并列成分、并列分句、从句等语法现象，尤其是多级短语和多级从句十分常见。无论英语句子有多长，句子有多复杂，都是基本句型的扩展和变化。

思维方式影响语言的发展。不同民族处于不同的社会背景下，会形成不同的思维方式。在西方发展史上，自然是人类认识的对象，人与自然处于一种对立关系，这种对立关系推动了西方逻辑学和知识论的发展，逐渐形成外倾型、分析型的思维方式。这种思维方式造成英语句子冗长，句子中的各种成分可以附有不同形式的修饰成分，句子中从句套从句的现象十分常见。然而，不管长句多么复杂，它都贯穿了一条逻辑链，这条逻辑链离不开一个"主谓结构"。所以，在翻译英语长句的过程中，关键是找出句子主干，然后根据汉语的表达习惯进行相应的调整。

在翻译英语长句时，可以利用汉语的紧缩结构或者外位语结构，将语法链转化为语义链，注重语义关系。译者在翻译时，不必因为英语句子过长而退缩，因为英语句子无论多复杂，都包含一个"主谓结构"，都是由一些基本成分扩充而成的，可以根据汉语的表达习惯，从以下几方面分析英语长句。

①确定句子的基本结构，把握句子的核心内容。
②找出句子中的修饰成分。
③注意插入语和其他固定词组或固定搭配。

通过以上分析，可以总结出在进行英语长句翻译时，可采取以下6个步骤。
①明确主干。通读全句，确定句子类型，找出句子的主要成分，即主谓结构，确定句子的其他成分，明确谓语的时态和语气。
②分析词义。在理解原句的基础上，分析词语含义。
③区分主从。确定句子中的修饰成分和被修饰成分，判断句子成分间的内在关系。
④理清层次。在了解句子含义的基础上，理清各层的逻辑关系，如时间顺序、因果顺序等。
⑤调整搭配。根据汉语的表达习惯，调整句子搭配。
⑥确定原意。在掌握原文句子结构和句子含义的基础上，根据句子的逻辑关系，按照汉语的表达习惯进行句子搭配，确保传达原文含义。

（二）英汉长句翻译方法

英语表达十分强调严谨性和准确性，经常借助语法、词汇和逻辑等手段将各种句子成分有机连接，因此英语中的长句十分普遍，这是翻译的难点。英语长句翻译可采取以下几种翻译方法。

1. 顺译法

顺译法是英语长句常见的翻译方法之一。如果英语长句是按照逻辑关系排列的，就可以采用顺译法进行翻译，即根据英语原句的表达顺序直接翻译成汉语。但顺译法不代表将英语中的每个词都根据原文顺序进行翻译，也需要进行灵活变通。

2. 逆译法

顾名思义，逆译法就是从原句的后面向前翻译。采用逆译法就是为了弥补英汉语言之间的表述差异，英语句子习惯将重要信息放在前面，而汉语句子习惯将重要信息放在后面。在翻译的过程中，一定要注意这种形式，需要将原句的顺序打乱进行翻译。这样的翻译方式更加符合汉语的表达习惯。

3. 分译法

分译法又叫作拆译法，是将英语长句中的一些成分从句子中分出另做处理。在英语长句中，可能会出现自成一段的情况。在翻译这样的句子时，就需要采用分译法，以适应逻辑顺序，突出重点，符合原句的表达含义。

4. 合译法

合译法就是将关联性比较大的词语联系在一起，翻译的时候进行整合。合译法不仅不影响译句的整洁，还将原句的含义表述出来，保持了原句的含义的连贯性。

5. 综合译法

英语中绝大多数稍微复杂一些的长句，很难仅用一种翻译技巧译成地道的汉语。通常情况下，应仔细分析句子的逻辑关系，并综合利用各种翻译方法，对全句进行综合处理。

第六章　多元文化视角下英汉语篇与修辞翻译

所谓"语篇"是指在交际功能上相对完整和独立的一个语言片段,由多个句子和语段构成。英汉语篇翻译就是通过译语语篇传达出与源语语篇相同的意思和信息,从而实现英汉语言的交际目的。所谓"修辞",就是在运用语言的过程中,根据特定的目的,精心选择语言的过程,是一种有关提高语言表达效果的语言运用的艺术和规律。英汉修辞翻译是针对不同民族文化进行的语言审美修饰。无论是语篇翻译还是修辞翻译,都需要对其相应的基础知识概念以及英汉文化进行一定的了解。因此,在本章中将从多元文化视角出发,展开对英汉语篇翻译和英汉修辞翻译的研究和探讨。

第一节　多元文化视角下英汉语篇翻译

一、语篇基础

(一)衔接手段

衔接是语段中不同部分之间的语法和词汇关系,这种关系可能存在于句子之间,也可能存在于一个句子中的不同部分之间。在语篇这一概念中,衔接手段属于其中的一个重要范畴,因此,要想对语篇展开更加深刻的了解,需要先了解一定的衔接手段。语篇中常用的衔接手段包括照应、替代、省略以及连接,下面将针对这四种衔接手段展开详细的分析。

1. 照应

照应是篇章阅读理解中的一个重要的衔接手段。韩礼德和哈桑认为,照应关系的产生是由于某些词语的含义直接从其本身出发并不能有着很好的解释,需要从该词语所指代的对象中发现正解。也就是说,照应是语篇中某一成分和另一成分之间在指称意义上的相互解释关系，它用代词来替代前文所提到的内容，避免了重复和啰唆。照应手段使语篇不仅在语义表达上更加清楚明白，还在篇章的结构上显得更加合理紧凑，使得语篇被连贯成一个前后衔接的整体。

根据指代对象的不同，照应还可分为人称照应、指示照应以及比较照应三种类型。下面将对这三种类型进行详细的分析和解读。

（1）人称照应

人称照应是照应关系里的一个重要范畴，可划分为第一人称、第二人称和第三人称。在人称照应系统中，英语和汉语不是一一对应的关系。

（2）指示照应

指示照应是通过指示代词来表达照应关系的一种衔接手段，发话者通过指明事物在时间或空间上的远近来确定所指对象，所指内容既包括物品、事件，也包括时间、地点、状态等。另外，指示代词在指示照应中也起着非常重要的作用，在英语语篇衔接中，起到重要作用的指示照应词如下。

指示代词：this/these—that/those

定冠词：the

指示副词：here—there；now—then

而与英语相比，汉语语篇中的指示照应系统比较复杂，指示代词较多，用法也比较复杂。其中起到重要作用的指示照应如下所示。

指代人或事物：这 / 这些—那 / 那些

指代处所：这儿 / 这里—那儿 / 那里

指代时间：这会儿—那会儿

指代性质、状态和程度：这么—那么；这样—那样

另外，汉语中还有一些词语也可以充当限定词，如：今（今番，今次）、本（本地，本年）、此（此时，此地）、该（该国）等。

（3）比较照应

英汉语的比较照应从意义上来讲区别不大，只在表达上存在一定的差异。如下列句子。

①天下之佳人，莫若楚国；楚国之丽者莫若臣里；臣里之美者，莫若东家之子。

②这一切他都不管了，就像昨天还当作神来崇拜的那些打碎了的庄严扫地的偶像一样，用不着管了。

③ All these days he had been as sullen as silent.

④ Indonesia is a greater plywood exporter than the rest of the Asian countries.

从上面的例子可以看出，汉语在表达比较意义时都是通过词汇或句法来表达，在同级比较上常用"同等，同样，和……一样"等词，在差级比较上常用"没有/不如，比……"。而英语除了词汇和句法的表达之外，还有形容词、副词的形态变化。

2. 替代

英语段落一般依靠词语的替代来进行句子与句子之间的呼应，即使用代词、同义词、近义词以及代替句型等来替换前文出现过的词语。而在汉语句子中，句与句之间的呼应往往由重复的词语来完成。因此，在英汉互译时，译者应根据不同的语言习惯采用代替的手法实现语篇之间的衔接。

【示例】Wrought iron is almost pure iron. It is not frequently found in the school-run factory because of its high cost. It forges well, can easily be bent hot or cold, and can be welded.

【译文】熟铁几乎就是纯铁。熟铁在校办工厂里不太常见，因为价格很贵。熟铁好锻，很容易热弯和冷弯，还能够焊接。

【分析】在该例的原文中，代词"it"替代了"wrought iron"，实现了句子之间的衔接。在译文中，译者通过重复的手法来进行句子之间的衔接，即重复使用"熟铁"这一词语。

3. 省略

省略是语篇衔接手段中非常重要的一种，省略现象在英汉语言中也都很常见，适当运用一定的省略可以起到避免重复，使语言清晰、简练的作用。省略在英汉语篇中的形式有着细微的差别，通常情况下，英语会在语法形式上进行省略，如省略名词、动词、表语、主谓一致时的主语或谓语等。而汉语往往按上下文的意义进行省略，包括省略主语、谓语、动词、关联词、中心语和领属词等。另外，相对于英语而言，汉语的省略现象非常普遍，且其省略标准也很复杂，不易掌握。在省略的原则上也各有自己的特点，前者更加注重形合，而后者则更加注重意合，因此在英汉互译的过程中要把握好可以将哪些内容省略掉，或者将原文中被省略的内容补上。

【示例】A man may usually be known by the books he reads as well as[...]by the company he keeps, for there is a companionship of books as well as[...]of men; and one should always live in the best company, whether it be[...]of book or[...]of men.

【译文】通常看一个读些什么书就可知道他的为人，就像看他同什么人交往就可知道他的为人一样，因为有人以人为伴，也有人以书为伴。无论是书友还是朋友，我们都应该以最好的为伴。

【分析】该例原文中共有四处省略现象。第一处省略了谓语"be known"，第二处省略了名词短语"a companionship"，第三处和第四处省略了名词短语"the best company"。总的来说，这些省略均是语法层面的省略。对应汉语译文中将这些省略部分都补充了出来，使译文读起来更加通顺、流畅。

4. 连接

由于英汉语言在形、意成篇的差异性，二者在使用同义词、反义词、同域词衔接和连贯篇章的同时，英语会使用更多的连词、代词、派生词等其他形态和语法手段连接语篇，而汉语则更多依赖主题概念词群等意合手段衔接和连贯句、段与篇。

因此，在英译汉时译者应依据汉语的表达习惯省略原文中的语法表达式，对形态派生词做相应的汉语表达处理；反之，在汉译英时译者应在正确理解段、篇、主题层次结构的基础上，整合句子主干结构，依据英语句子之间相互衔接与连贯的规律，增添、调整词汇表达顺序，形成符合英语语篇习惯的译文。

在英汉语篇中，可将逻辑关联词分为以下十个类型。

①增补类。这一类的关联词通常在前一句话完成的基础上，再进行内容的添加和补充时使用。常见的英语增补类关联词包括 and、also、too、further、in addition、additionally、moreover 等，中文则有"和""而且""此外"等词。

②转折类。这一类的关联词通常在结束前一句话后，提出与前面相反的内容或意义时使用。常见的英语转折类关联词包括 but、however、while、although、though、despite、on the other hand 等，中文则有"但是""可是""然而""从另一方面来说"等词。

③举例类。这一类的关联词通常在对前面的话进行解释举例时使用。常见的举例类英语关联词包括 for example、for instance、such as、namely 等，中文则有"例如""即""那就是"等词。

④对比类。这一类的关联词通常在前后两句话进行对比或比较时使用。常见的英语对比类关联词包括 compared with、likewise、similarly、in the same way、in contrast、on the contrary 等，中文则有"相较于""与……对比""类似地"等词。

⑤列举类。这一类的关联通常在进行分条叙述时使用。常见的英语列举类关联词包括 firstly、secondly、thirdly、first of all、to start with、next、for one thing...for another 等，中文则有"首先""其次""接下来"等词。

⑥总结类。这一类的关联词通常在总结或归纳观点时使用。常见的英语总结类关联词包括 in short、in summary、in conclusion、(all) in all、in a word、to conclude、in brief 等，中文则有"总之""简单来说""大体而言"等词。

⑦条件类。这一类的关联词通常在提出条件或假设某条件成立时使用。常见的英语条件类关联词包括 if not、in this/that case、under the/these/those circumstances 等，中文则有"只要""只有""除非"等词。

⑧转题类。这一类的关联词通常在结束前一段话题后，紧跟着引入另一相关话题时使用，起到补充前文的作用。常见的英语转题类关联词包括 by the way、incidentally、as to、as for、in regard to 等，中文则有"顺便说一下""至于""关于"等词。

⑨因果类。这一类的关联词通常用于叙述语篇中的原因与结果时使用。常见的英语因果类关联词包括 so、therefore、because、thus、as a consequence、as a result 等，中文则有"因为""由于""所以""因此""于是"等词。

⑩时序类。这一类的关联词通常用于叙述语篇中事件发生的时间时使用。常见的英语时序类关联词包括 then、after that、in the end、finally、at the same time、last of all 等，中文则有"后来""接着""最后""正在这时"等词。

（二）组织结构

1. 顺序关系结构

顺序关系结构指语篇按事物发展的先后顺序展开，是一种比较简单的叙述方法，适用于按步骤或按固定程序进行描述的语篇，英语和汉语里都有按时间顺序、空间顺序发展的语篇。

（1）时间顺序

【示例】Set the temperature of the oven to 225 ℃. Sprinkle some flour onto your work surface and place the ball of dough in the centre. Dust the dough and rolling pin with flour and roll on both sides to create the pizza base. Next dust the circular baking tray with flour and place the dough on top. Then with your fingers, push the dough outwards to create a rustic circle. Spread the tomato pizza sauce over the rolled dough. Sprinkle with ham, mozzarella and pineapple chunks, season with salt and pepper and it's ready to bake. Place the pizza into the middle of the preheated oven and bake for 15—20 minutes. Remove the pizza from the oven, cut it into slices and garnish with some parsley for that colorful touch. Finally, drizzle with some olive oil and serve.

【分析】这是描述怎样做比萨的一个过程，非常详细地按顺序介绍了做比萨的步骤，是一个典型的顺序关系结构语篇。

（2）空间顺序

【示例】莫高窟大门外，有一条河，过河有一溜空地，高高低低建着几座僧人圆寂塔。塔呈圆形，状似葫芦，外敷白色。从几座坍弛的来看，塔心竖一木桩，四周以黄泥塑成，基座垒以青砖。

（余秋雨《道士塔》）

【分析】上面这段话描写的是道士塔。先说明地理位置，再具体描述塔的外形、塔心、塔的四周及基座。同样，英语语篇中也有根据空间进行描述的。

2. 层次关系结构

层次关系结构是指语篇并不是按直线顺序来发展的，而是分成几个层次分别展开叙述的，最终为证明一个主题。以总分形式的语篇为例，这一形式首先阐述主题观点，然后再具体进行论证。

【示例】Nothing that tries to meet an ever-changing situation over a terrain as vast as contemporary English can hope to be free of them. And much in it is open to honest, and informed, disagreement. There can be linguistic objection to the eradication of proper names. The removal of guides to pronunciation from the foot of every page may not have been worth the valuable space it saved. The new method of defining words of many meanings has disadvantages as well as advantages. And of the half million or more definitions, hundreds, possibly thousands, may seem inadequate or imprecise. To some the omission of the label colloquial will seem meritorious: to others it will seem a loss.

【分析】上面的段落先陈述主题句：任何一部字典想要适应当代英语的日益变化就不可能没有缺点。然后举例来说明这一观点，如删除专有名词，去掉发音指南，为多义词下定义，词条定义不够准确，删掉"口语用法"语体说明标志。

3. 递进关系结构

递进关系结构的句子采用环环相扣、层层推进的方式排列，语义也随之不断加强，直到得出一个结论来。

【示例】当你在积雪初融的高原上走过，看见平坦的大地上傲然挺立这么一株或一排白杨树，难道你觉得它只是树？难道你就不想到它的朴质、严肃、坚强不屈，至少也象征了北方的农民；难道你竟一点也不联想到，在敌后的广大土地上，到处有坚强不屈，就像这白杨树一样傲然挺立的守卫他们家乡的哨兵；难道你又不更远一点想到这样枝枝叶叶靠紧团结、力求上进的白杨树，宛然象征了今天在华北平原纵横激荡，用血写出新中国历史的那种精神和意志。

【分析】上面的语篇采用的就是递进关系结构，用"难道"引导反问句，层层递进，由白杨树的精神联想到质朴的农民、坚强不屈的哨兵，意思一步步加强，最后联想到书写新中国历史的精神和意志。

（三）语篇模式

对语篇模式的研究包括语篇的宏观结构研究和微观结构研究，前者研究语篇的整体结构，后者研究语篇中句子与句子的关系结构。其实无论是哪一种结构研究，都能体现语篇对语言交际的规约性，决定了不同语义内容的体现。要想深刻地理解一篇文章，对语篇模式的研究是必不可少的，它可以帮助读者更好地理顺语篇的逻辑关系和整体顺序，使阅读思路清晰明了。根据语言的不同，可以将语篇分为英语语篇模式和汉语语篇模式，二者之间既有共同点也不同之处，下面将对这两种语篇模式进行详细的分析。

1. 英语语篇模式

（1）概括—具体模式

概括—具体模式就是指语篇的整体结构是按照概括—具体的模式划分的，一般由三部分构成：概括陈述、具体陈述以及总结陈述。其中，总结陈述是对语篇内容的总结，不一定经常出现在语篇结尾中。概括—具体的语篇模式既可以是先概括或阐明主题再举例论证的形式，也可以是先概括总体轮廓再对其细节进行具体陈述的形式。

概括—具体语篇模式广泛应用于社会科学以及自然科学等学术论文或说明文中，在记叙文中也有着大量的应用。这种语篇模式将西方直线思维模式充分地体现出来，是英语语篇模式中比较具有代表性的语篇模式之一。

【示例】All forms of activity lead to boredom when performed on a routine basis. We can see this principle at work in people of all ages. On Christmas morning children play with their new toys and games. But the novelty soon wears off, and by January those same toys can be found tucked away in the attic. Adolescents enter high school with enthusiasm but are soon looking forward to graduation. How many adults, who now complain about the long drives to work, eagerly drove for hours at a time when they first obtained their licenses？ Before people retire, they usually talk about doing all of the interesting things that they never had time to do while working. But soon after retirement, the golfing, the fishing, the reading and all of the other pastimes become as boring as the jobs they left.

【分析】上述语篇中的第一句是概括陈述,在接下来的内容中,作者分别以儿童、青少年、成年人及老年人为例来论证第一句所提到的观点,即所有的活动形式都会变得无趣。

(2)问题—解决模式

问题—解决模式也是语篇模式中较常见的一种,它的宏观结构可以分成四个部分:情景、问题、分析问题、解决方案。各成分既可以由一句话组成,也可以由多句话组成。问题—解决模式适用于多种语篇体裁,包括说明文、科技论文、日常语篇等。其中在广告语篇中最为常见。

【示例】Most people like to take a camera with them when they travel abroad. But all airports nowadays have X-ray security. One solution to this problem is to purchase a specially designed lead-lined pouch. These are cheap and can protect film from all but the strongest X-rays.

【分析】这一语篇由四个句子组成。第一句说的是情景,第二句说的是问题,第三句说的是解决办法,第四句是评估或者可以说是结果。首先,在语篇的开头先提出了大多数人出国旅行都喜欢带照相机这个情景。其次,抛出了一个问题:所有的飞机场都用X光进行安全检查,而X光会损坏胶卷。再然后就提出了通过买一个特制的铅作衬里小袋的办法来解决前面的问题,最后再指出铅线袋不贵,并且还可以保护胶卷,这是对前一句的解决办法所做出的肯定评价。

(3)主张—反主张模式

主张—反主张模式又称为假设—真实模式,是一种先提出正面观点再提出反面观点的语篇模式。它的宏观结构由三部分组成:情景、主张、反主张。这一模式通常在辩论体裁语篇中出现。在主张—反主张模式中,所主张的部分既可以是一种获得他人普遍认可的观点,也可以是一种假设的观点,反主张的部分既可以是对主张部分进行的评价也可以是对真实情况的陈述。主张—反主张模式多出现于辩论体裁文体中。

【示例】Many people are inclined to take active physical recreation, like sports, camping and fishing in their leisure time, while others would rather participate in more intellectual activities, like reading, listening to music, watching films and so on. Although it is unreasonable and impossible to tell which one is absolutely better than the other, in my opinion, it seems more advisable for the young people about 20—25 years old to take the latter which is in accordance with their unique characteristics.

【分析】这则英文语篇讨论的是在闲暇时间选择什么样的活动,语篇中先指出两种不同人的选择方式,最后提出自己的意见,更倾向于选择一些智力活动。

2. 汉语语篇模式

同英语语篇模式相比,汉语语篇模式既有相似的地方也有不同之处,例如,二者的主张—反主张模式是基本相同的,但是在其他模式上,汉语语篇模式有着更加独特的表现。

(1)汉语语篇的焦点灵活

【示例】两百多年前,法国一位医生想发明一种能判断胸腔健康状况的器械。他虽然刻苦钻研,却始终想不出什么好办法。一天他领着女儿到公园玩。当女儿玩跷跷板的时候,他偶然发现用手在跷跷板上轻轻地敲,敲打的人自己几乎听不见,而别人把耳朵贴近跷跷板的另一端却听得清清楚楚。他马上回家用木料做了一个喇叭形的东西,把小的一端塞在耳朵里,大的一端贴在别人的胸部,不仅声音清晰,而且使用方便。世界上第一个听诊器就这样诞生了。如此看来,科学家的灵感并不是什么神秘莫测的东西。关键在于勤奋,在于实践,在于不怕失败、努力探索。鲁班发明锯子的传说同样给我们深刻的启示。据说他有一次上山用手抓着丝茅草攀登,一下子把手拉破了。然而鲁班却因为这次的受伤发现了丝茅草两边的细齿十分锋利的特征,他立刻和铁匠一起试制,做成了木工最常用的工具——锯子。或许很多人都被丝茅草割破过手,但仅限于得到触碰丝茅草会把手割伤的结论,只有鲁班被这件事启发,从而发明了锯子。

【分析】这段语篇中,作者想要表达的中心思想也就是语篇的焦点,并没有出现在文章的开头和结尾处,反而是出现在了短文的中间部分。由此可以得出在汉语语篇中,其焦点具有灵活性和流动性的特点。

(2)汉语语篇的焦点模糊

【示例】近一段时期以来,从报纸、广播、电视上得知,不少地方都在做同一项工作——补发拖欠教师的工资。有的是"省市主要领导亲自过问",有的是"限令在教师节前全部补齐"。湖北某市的领导甚至还卖掉了日产的"公爵王"轿车,将35万元的卖车钱用于还欠教师的债。总之,这些报道都在宣传着"领导的尊师重教之情",向我们报告着一个又一个好消息。

【分析】这是一篇文章的第一段内容,在这篇文章中,虽然表面上都在描写很多领导都是嘴上说着要尊重教师,但实际上却不是。因为通读整个语篇(共五段)之后,没有找到一处能够明确表达这一思想的句子,可见作者的思想是不断流动的。

二、英汉语篇翻译

(一)语篇语域

语篇语域可以理解为词语的适用范畴,主要指正式和非正式语体的等级,它和文本中的情景语境有着密切的关系。语域的特征由不同的交流场合和交流目的所决定,例如,文学语篇是具有美感和艺术性的、广告语篇是具有说服力和号召性的、科技语篇是具有严谨和专业性的。在进行语篇翻译时,译者首先要关注的是语篇的语域问题,因为这直接关系到译者是否能形成对原文总体上的把握以及对翻译策略的合理制定。

【示例】天津师范大学是一所综合性的重点高等师范院校,诞生于1958年,随着共和国的成长,她也历经磨砺,走过60多年的风风雨雨。60多年来,一批批德才兼备教学、科研和管理人员汇集在这里,怀着振兴天津、振兴教育的希冀,在这块土地上默默地耕耘。春华秋实,硕果累累,数万名教育人才走出学校大门,足迹遍及全国,桃李满天下。他们献身教育,殚精竭虑,为撑起教育的脊梁,托起明天的太阳。

【译文】Founded in 1958, Tianjin Normal University has entered its seventh decade with a remarkable record of both hardship and achievements. It is now ranked as one of the key institutions of teachers training in China. In the past sixty years, hundreds of talented teachers, researchers and administrators have gathered and worked here in a continuous endeavor to meet the ever-increasing demands for educators both in Tianjin and the rest of the country. Tens of thousands of students have graduated from the University and are now teaching nationwide. They have dedicated their wisdom and energy to the educational needs of the country in the firm conviction that the future of China lies in the education of the younger generation.

【分析】文本是一篇录像解说词,在语言的运用上正规程度较高,用词华丽优美。从语篇语域和意向来看,译文的意图和原文的意图是一致的,但英语的语域特点和汉语有所不同,英语说明文的目的意在提供具体信息,注重平实明晰,因此在翻译时我们需要对语句做相应的调整,突出信息功能,尽量避免矫饰。除此之外,还要考虑到解说词的特殊要求,由于文字和画面是配合进行的,译文句群的朗读时间应该和原文一样。

（二）语篇衔接

对英汉语篇进行翻译时，还要注意语篇衔接的问题。在正确理解原文的基础上，适当地运用一些衔接手段，将文章中的词语、句子以及段落连接起来，使其读起来更加具有逻辑性。

【示例】其实我那年已二十岁，北京已来往过两三次，是没有什么要紧的了。他踌躇了一会，终于决定还是自己送我去。我两三回劝他不必去；他只说，"不要紧，他们去不好！"

【译文】As a matter of fact I was already twenty and had travelled to and from Beijing on several occasions, so there was no need for all this fuss. But after much hesitation he finally decided to see me off himself, though I told him again and again there was no need.

"Never mind," he said. "I don't want them to go."

【分析】在这个段落的汉语原文中，基本没有用到连接词，仅靠词语和句子内含意义的逻辑联系构成连贯的语篇。与汉语语篇不同，英语语篇则往往少不了词汇语法的显性衔接，即从语言形式上把词语、句子结合成语篇整体。因此，汉译英时，必须根据语境对原文做出恰当的调整，适当增加表示逻辑关系的衔接词汇。译者分别用了连词"so""but"和"though"来连接各自的小句，体现了英语语篇重"形合"的特色。

（三）语篇连贯

在英汉语篇翻译中，除了要注意语篇语域、语篇衔接，还要注意语篇连贯的问题。一篇文章，如果从单个句子的角度来对比原文和译文是没有多大问题的，但是如果从整体来看，译文与原文之间就好像存在着一种奇怪的感觉，就像是断了线的珍珠串，没有那种一气呵成的连贯性。因此，语篇的连贯性在语篇翻译中也起着非常重要的作用。语篇连贯是话语的重要标志。翻译时只有清楚理解看似相互独立、实为相互照应的句内、句间或段间关系，并且加以充分表达，才能准确传达原文意思。

【示例】That night he sat alone during dinner, careful, he later told us, not to "get in love's way". But he glanced often in our direction, and we knew he was not alone...

【译文1】那天晚餐时，他一直独自坐着，小心翼翼地，后来他告诉我们，那是为了"不妨碍别人谈情说爱"。可是，他不时朝我们这边瞟上一眼，我们知道他并不孤独……

【译文2】那天晚餐时，他一直独自坐着，尽量"不妨碍别人谈情说爱"（那是他后来告诉我们的）。可是，他不时朝我们这边瞟上一眼，我们知道他并不孤独……

【分析】原文中的两句话是靠"but"连接起来的，而且第一句中的"he later told us"明显是一句插入语。翻译时，如果处理不当，必然影响读者对两句之间关系的理解。译文1混淆了时间概念，会让读者以为"可是……"一句的动作不是发生在"那天晚餐时"，而是发生在"后来"。译文2将原文的插入语放入括号内，加强了两句的联系，也避免了时间概念上的混淆。

第二节 多元文化视角下英汉修辞翻译

一、英汉修辞与文化

（一）物质文化

一切为了满足人类生存和发展需要所创造的物质产品及其所表现出的文化被称为物质文化。物质文化涉及多种方面，如饮食、服饰、建筑、交通等，属于文化这一广泛概念中的表层，是人类精神文化中的基础。在英汉修辞活动中，物质文化起着非常重要的作用，它可以直接影响人们的修辞活动。例如，在比喻这一修辞手法中，物质文化可以对英汉语言喻体的选择起着主导作用，汉语中所说的"幸运儿"，翻译成英文就是"lucky dog"；英语中的"as happy as a cow"，应该翻译成"快乐得像只百灵鸟"。物质文化的形成与不同国家、民族的生存环境息息相关，具有相同或相似外部环境的国家，在其物质文化中必然也有着共同的文化观念。例如，同为岛国的日本和英国，有大量比喻修辞的喻体来自海洋或鱼类，如"守口如瓶"英语表达为"as close as an oyster"，日语中有相似的表达。可见，修辞受物质文化的影响，甚至被物质文化所主导。在此，以物质文化中的动植物词为例对英汉修辞的对比进行分析。

将动植物名词用到修辞中，这是英汉两种语言共有的现象。然而由于地理因素、自然环境、文化背景、宗教信仰的不同，英汉动植物修辞的感情色彩取向有着很大的差异。

有一些动植物修辞只存在于英语国家，在汉语中是很难见到的，具体如下。

beaver（海狸）：eager beaver 比喻对工作有极大热情的人。

albatross（信天翁）：比喻棘手的问题。

shark(鲨鱼):比喻坑蒙拐骗之人。
goat(山羊):比喻好色鬼、淫荡之徒。
kangaroo(袋鼠):比喻英国议会中的限制议事法。
lobster(龙虾):比喻红色制服的英国卫兵。
oyster(牡蛎):比喻沉默之人。
cabbage(卷心菜):cabbage head 比喻笨头笨脑的人。
onion(洋葱):a tough onion 比喻硬汉。
apple(苹果):the apple of somebody's eye 比喻掌上明珠、眼中之宝。
olive(橄榄):olive branch 比喻和平富饶。
palm(棕榈):比喻胜利。
cucumber(黄瓜):as cool as cucumber 比喻镇静自若。

汉语中有一些动植物修辞在英语中也是很难找到的,具体如下。

鸳鸯:比喻爱情美满的夫妻。
蚂蚁:比喻渺小但辛勤工作的人。
鸿雁:比喻书信。
仙鹤:比喻仙风道骨、长寿之人。
菊花:比喻清雅淡泊之人;比喻长寿之人。
芙蓉:比喻高洁、慎独之人;比喻爱情。
青松:比喻刚直不阿之人;比喻长寿之人。
竹子:比喻高风亮节之人。

有些动植物词在英汉修辞中都可以见到,但是他们的感情色彩有的大致相同,有的却大相径庭。如下列词语。

小鸟:在英汉语中都能比喻女人,如英语中的 one's bird(某人的女友);汉语中的"小鸟依人"。
猪:在英汉语中都能比喻肥胖之人,都比喻思维愚钝的人。
鹰:在英汉语中都能比喻勇猛锐利之人,也都能比喻奸诈阴暗之人。
老鼠:在英汉语中都能比喻胆小之人,也都能比喻卑鄙、偷盗。
狼:在英汉语中都能比喻贪婪凶悍之人,也都能比喻好色之徒。
蛇:在英汉语中都能比喻奸邪之人,也都能比喻虚伪、恩将仇报的人。
孔雀:在英汉语中都能比喻骄傲虚荣的人,如 as proud as a peacock(孔雀般的骄傲)。
蜗牛:在英汉语中都指动作迟缓,如 snail mail 指普通邮件(非快递)。
桂树:在英汉语中都有象征胜利、辉煌的意味,如英语中的 laurels(桂冠),

汉语中的"蟾宫折桂"。

桃：英汉语中都有"桃色"的说法，指有关男女关系的绯闻。

柳树：在英汉语中都能比喻离别、思念，如英语中的 weeping willow（垂泪的柳），汉语中的"折柳赠别"；汉语中的柳还能喻指女子身材纤弱，如"弱柳扶风"。

通过举例我们可以看出，不同语言的国家和民族在选择动植物修辞时有着不同的取向：首先，中西文化诞生的地理自然环境不同，人们习惯选择自己身边熟悉的事物用作修辞，比如汉语形容"新生事物勃发"用"雨后春笋"，而英语中用 spring up like mushrooms（蘑菇）。其次，英汉动植物修辞的不同还关乎不同民族的政治历史、宗教信仰等，反映出了跨文化思维的差异性。

（二）社会文化

1. 英汉制度文化对比

制度文化其实就是社会中有关社会规约、制度条例、风俗习惯等体现出来的文化，一般出现在中西方的民俗用语当中，以隐喻或借代的方式呈现。例如，中国古代的皇帝有着非常大的权利，因此汉语中的"皇亲国戚"就象征着"极有权势"的人。但是，在西方国家中，由于制度的不同，国王（西方的皇帝）是没有实际权力的，真正的权力为议会所有，因此民间所流传的"could do no wrong like a king"（像国王一样不会犯错误）也是西方制度的体现，国王毫无决策权，肯定不会犯错误。对比中西方，同样以"皇帝"或"国王"作喻体，喻义却完全相反，这就是不同的社会政治制度所使然。

2. 英汉委婉语对比

在世界各种民族文化中，都存在委婉语的现象。汉语中的委婉语又叫作婉曲或婉转，英语中的委婉称为 euphemism。英汉委婉语中有一些是出于人类共有的认知思维，有些则是受本民族文化影响的。

（1）对禁忌语的委婉表达

禁忌语是指人们对神圣的、不洁的、危险的事物所持态度而形成的某种禁制。中西方文化都畏惧疾病和死亡，因此在有关的表达中通常采取一些委婉的修辞。例如，英语中形容疾病，常用 heart attack、mental deficiency 来代指心脏病、精神病等说法；汉语中常用"半身不遂""身体有恙"来代指偏瘫、生病等说法。对于死亡，人们通常更加忌讳，因此英汉语言中都有一些关于死亡的委婉表达。例如，英语中的 to return to dust / earth（归于尘土）、go to Heaven（进天堂）、

to answer the final summons（响应最后的传唤）、with God（与上帝同在）等说法，这些表达大多与基督教有关。汉语中关于死亡的委婉表达多与佛教有关，如"成仙""仙游""驾鹤西去""羽化""仙逝""涅槃""归寂""圆寂""升天"等。还有一些关于死亡的表达则是出于对死者的尊敬，如"香消玉殒""为国捐躯"等。

（2）出于尊重的委婉表达

在英汉语中，对于那些不太光彩、容易伤及自尊的称谓和说法，人们常用一些委婉表达来代替。例如，在英语中，人们用 grief the rapist（悲痛治疗专家）、footwear maintenance engineer（鞋靴保养工程师）来形容殡葬师和擦鞋匠两个职业，用 physically inconvenienced（行动不便的）来形容腿有残疾的人，用 nonwhite（非白人）来形容黑人，用 homemaker（持家的人）来形容家庭主妇。在汉语中，人们对于被贬官等事情非常避讳，通常将这类事件称为"让贤""左迁"等。汉语还用"保安"来称呼看门人，用"家政服务人员"来称呼钟点工等。

（3）对文化敏感词语的委婉表达

西方文化中对"老"比较避讳，因而对于老年人有 second childhood（二次童年）、the longer living（年长者）等表达；中国传统文化认为老年人阅历丰富，是十分值得尊重的，因此有"老当益壮""老骥伏枥""鹤发童颜"等说法。西方人对金钱的态度比较直接，而中国人对金钱比较避讳，在古代形容金钱有"官板儿""孔方""三斗米"等说法，当今对于知识分子"经商"还常称作"下海"。

二、英汉修辞手法

（一）比喻

比喻（metaphor）分为明喻（simile）、暗喻（metaphor）和借喻（synecdoche）。它由三个要素组成：本体，指被比的事物；喻体，指用来做比的事物；喻词，指连接本体与喻体的词。明喻就是两者之间存在着明显的比喻，用"像、好像、仿佛、像……一样"等字眼来表示。暗喻就是两者之间的关系不太明显，看不出是在打比方，而实际上是在打比方，常用"是、就是、等于"等词来表示。借喻是用喻体来比喻。

英语修辞中的称谓与汉语的略有不同，不能完全一对一地对照着使用，英语的 simile 与汉语的明喻基本相同，都是用某一事物或情境去比喻另一事物或情境。在英语的 simile 构成中，三个要素也是缺一不可的，即本体、喻体、喻词。

英语的喻词有 as、like、as...as... 等。常见的比喻修辞翻译如下。

  as gay as a lark 像百灵鸟一样快活

  as sudden as an April shower 像四月的阵雨一样突然

  as crazy as a bedbug 像臭虫一样疯狂

  as brave as a lion 像狮子一样勇敢

  as gentle as a lamb 像羔羊一样温顺

  as proud as a peacock 像孔雀一样骄傲

但英语里的 metaphor（隐喻）兼有汉语中的暗喻和借喻的特点，即均将甲物当作乙物来比喻，表达方式为：甲是乙。比如，a rat leaving a sinking ship 不能共患难的人，a rat in a hole 瓮中之鳖，a black sheep 害群之马，a snake in the grass 潜伏的危险，a bull in a china shop 莽撞闯祸的人，make a duck's egg 得零分，wake a sleeping wolf 自找麻烦，rain cats and dogs 倾盆大雨。

  【示例】I was shaking all over, trembling like a leaf.

  【译文】我像风中的落叶一样浑身发抖。（明喻）

  【示例】She is shedding crocodile tears.

  【译文】她在假慈悲。（借喻）

除以上三种主要的比喻形式外，汉语里还有一些英语里没有的其他比喻形式，如较喻、层喻、互喻、引喻、反喻、迂喻等，这些比喻形式是在原有三种比喻的基础上稍加变更而来的。

（二）比拟

比拟（analogy）分为拟人（personification）与拟物（planification）两种。拟人是将人以外的事物当作人去写的手法；而拟物则相反，是将人作为物或把一种事物当作另一种事物去写的手法。

英语中的拟人与汉语中的拟人相同，都是将事物赋予人的动作、言行、思想及情感，但英语中的拟物是通过象征来表现的。

  【示例】田里现在还只有干裂的泥块，这一带现在是桑树的势力。

  【译文】The unplanted fields as yet were only cracked clods of dry earth; the mulberry trees reigned supreme here this time of the year.（拟人）

  【示例】The crocodile in the river thought hard and finally he had an idea.

  【译文】河里的那条鳄鱼冥思苦想，最后终于想出了个主意来。（拟人）

  【示例】Mark my words, the first woman who fishes for him, hooks him.

  【译文】瞧着吧，不管什么女人钓他，他都会上钩。（拟物）

(三)借代

顾名思义,借代(metonymy)就是借那些与人或事物有密切联系的事物来代人或事物的一种修辞手法。由于借代在代表某类人和事物时具有独特的、明显的或典型的特征,故提到这类人或事物时,人们就很自然地联想到它所指代的另一类人或事物。英语中表示借代修辞的方法通常通过换喻或借喻法来表现。

【示例】The pot shouldn't call the kettle black if it's got soot itself.

【译文】要正经,除非自己锅底没有黑。

【分析】此句用"锅底"指代历史行为,用"黑"代污点、不检点。

【示例】He was promoted from the grey-collar to the white-collar in the shortest time last month.(换喻)

【译文】他仅用了一个月时间从灰领晋升到白领。

【分析】句中用"grey-collar"指代从事服务业的职员,通称"灰领";"white-collar"指脑力劳动的,通称"白领"。前者属服务行业工人,后者属机关职员。

(四)夸张

夸张(hyperbole)是指对事物的全部或部分进行过分的、言过其实的描述,这样做是为了突出或夸大某事物以吸引对方或炫耀自己。当然,夸张不只是一味地夸大,也有相反的情况,即对某事进行缩小的描述。英语的夸张与汉语的夸张意义相同,都是突出事物的本质以给人留下深刻印象。

【示例】叶子和花仿佛在牛乳中洗过一样。(朱自清《荷塘月色》)

【译文】The lotus leaves and flowers seem to be washed in milk.

【分析】用"牛乳"来夸张,叶子和花不是在一般的水中洗过,而是在牛乳中洗过,以此来增强读者对月色下荷塘里的叶子和花的感受与印象。

(五)对比

对比(contrast)是指通过语言将客观事物中相互对立的矛盾体、对立面再现的过程。恰到好处地运用对比的修辞手法能增强文章的色彩,在对比中突出事物的特征、本质。英语中的对比也是将两个正反方面或一个事物相互对立的方面放到一起描述的过程,要求作者在运用此修辞时应遵循对立、对仗等原则。

【示例】United we stand, divided we fall.

【译文】合则存,分则亡。

【分析】"united"与"divided"相对比,"stand"与"fall"相对比。

【示例】Work has a bitter root but sweet fruit.

【译文】工作有苦也有甜。

【分析】"bitter"与"sweet"相对应,"root"与"fruit"相对应。

(六)排比

排比(parallelism)是指将两个或两个以上结构相同、意义并重、语气相近的词语或句子成串排列,其目的在于增强语势,提高修辞效果。它是英语结构修辞的一种重要形式,体现的是英语行文的均衡美。排比由小到大可分为词的排比、短语的排比、句子的排比。

【示例】...during which time I have been pushing on my work through difficulties, of which it is useless to complain, and have brought it, at last, to the verge of publication, without one act of assistance, one word of encouragement, or one smile of favour.

【译文】……七年之间,仆励志孟晋,披荆斩棘,致力于辞书之编著;个中艰辛,今日言之何益?所幸功垂于成,刊行在即,其间未尝获君一臂之助、一言之勖、一笑之惠。

【分析】由介词"without"的3个宾语词组构成的平行结构,节奏鲜明、语气强烈、情绪激昂,读起来好像约翰逊博士就在眼前,正对着切斯特菲尔德伯爵发泄满腔的悲怨。

(七)反语

反语(irony)就是用意义完全相反的词语表达原本想表达的意思。此修辞格在中英两种语言文化中意义相同。人们通常正话反说,或反话正说,不过英语的反语比汉语的含义更广些。这是因为英语里除人们常用的语言反语(verbal irony)外,还包括戏剧反语(dramatic irony)和情景反语(situational irony),它们是戏剧表演上的反语修辞,已超出人们所谈的修辞格范围。反语是一种富有幽默感或精妙地挖苦人的表达方法,其所用的词语要表达的意义正与这些词语的通常意义相反。

【示例】For instance, the nuns who never take a bath without wearing a bathrobe all the time, when asked why, since no man can see them, they reply, "Oh, but you forget the good God." Apparently they conceive the Deity as a peeping Tom, whose omnipotence enables Him to see through bathroom walls, but who is foiled by bathrobes. This view strikes me as curious.

【译文】譬如说那些修女,她们洗澡时总是穿着浴衣。当有人提出既然没有男人能看见她们时，为什么要穿呢？她们的回答是："喔，但你们忘记了善良的上帝。"很显然，她们把上帝想象成偷看的汤姆了。上帝是万能的，他可以透过澡堂的墙壁看见里面的活动，却在浴衣面前无办法。这种看法令我惊讶。

【分析】修女洗澡穿浴衣本来就十分荒唐，如此荒唐的举动还要找出一个更为荒唐的理由：怕上帝看见。上帝之所以是上帝，皆因上帝是万能的，而万能的上帝却又对浴衣毫无办法。这整个的事件或情景由罗素娓娓道来，句句隐含辛辣讽刺。

英语中的反语运用需要读者根据上下语境来进一步解读。

【示例】A：The boy has broken another glass.

B：A fine thing.

【译文】A：这男孩又打碎了一个杯子。

B：打得好呀！

【分析】本来这段对话中 A 说话时是带着某种埋怨并希望 B 能批评孩子，没想到 B 却反其道而行之，不但 A 没有得到 B 的响应，反而 B 说出 A 意想不到的话来。此时，A 并未理解 B 说话的意思，B 是故意用反话来回应 A。事实上，B 并不是听到 A 说男孩打碎杯子而真的高兴，不是真的打心眼里看着孩子打碎东西而快活，B 只是说气话，这种气话是通过反语正说的方式来表达的。

（八）双关

双关（pun）是指一个词语或一句话涉及两个方面的意思，一方面是表面词语的意思，另一方面是其隐含的意思。运用双关修辞格的人往往是以其隐含意思来展示其想表达的意思及意图，即言在此而意在彼。运用得当会使语言生动有趣。英汉语中的双关都可分为谐音双关（homophonic puns）和语义双关（homographic puns）两种。谐音双关是将词义不同的谐音词组合在一起的修辞用法。语义双关是指根据一词多义的特点而构成的双关。

【示例】On Sunday they pray for you and on Monday they prey on you.

【分析】这句英语用了"pray（祷告）"和"prey（榨取、掠夺）"两个词的谐音双关。但译成中文时如何译，是译成表面意思，还是译成隐含意思呢？两者是有很大区别的，语义感是不同的。第一种译法是从词的表面意思上翻译，即"周日（今天）他们为你祷告，周一（明天）他们就向你榨取"。第二种译法我们取其义翻译，即"他们满嘴的仁义道德，背地里却男盗女娼"。从语感上看，第一种译法显然不如第二种译法强烈，第二种译法给读者的感觉更深刻、逼真，直截了当地揭开了伪善者的面纱，向人们揭露了他们的真面目。因此，双关语的翻译常使译者头痛终日，仍难求一解。有时可借用原文的词语，有时要变通处理，或增添译注，或改用其他等值的双关。

【示例】Flying planes can be dangerous.

【译文1】正在飞行的飞机是危险的。

【译文2】驾驶飞机是危险的。

【示例】They called John a teacher.

【译文1】他们为约翰叫了一位老师。

【译文2】他们称约翰是一位老师。

（九）反复

反复（repetition）是指词语或句子的重复，其功能在于加强语气，突出内容，引起人们的关注，在诗歌、小说、散文等体裁中广泛使用。英语的 repetition 与汉语的反复相同。

【示例】But what if she should die？ She won't. She's all right. But what if she should die？ She can't die. But what if she should die？ Hey，what about that what if she should die？（海明威《永别了，武器》）

【译文】可是她如果死了怎么办？她不会的。她没问题。可是她如果死了怎么办？她不能死。可是她如果死了怎么办？嘿，你想怎么样？她要是死了怎么办？

【分析】作者在这一小段里多次重复一句话，通过这数次重复，一方面表现了主人公在其妻子分娩时痛苦的情景下焦虑的心情，另一方面通过反复地展现内心独白给读者，以唤起读者的同情，增强感人的效果。中文中的重复部分在译成英文时也不都是重复翻译，而是根据具体情况做适当的调整。

（十）婉曲

婉曲（euphemism）也称委婉，是以文雅的、悦耳的或婉转的说法来暗示说话人原本的意思，而不是直接说出事情或人物的本质。不同的人在使用委婉时所表达的效果是有差异的，有的人想借此增加语言的力量，有的人是为了不伤及他人或对方而采用委婉，这样对方可在一定程度上接受其观点。汉语的婉曲可分为婉言和曲语。英语中的委婉语通常是说话人不以令人尴尬的语言或粗鲁的语言，而是以含蓄的、温和的语言表达其原意。

【示例】His mother passed away last night.

【译文】他母亲昨晚去世了。

【分析】短语"pass away"就是"die"的委婉语。说话人在此不是用"die"

直接表达，而是以间接的、委婉的、让对方能够接受的语言来表述这一事实。

【示例】Millions of heroes have laid down their lives for the liberation of mankind.

【译文】无数英雄志士为了人类的解放事业献出了生命。

【分析】短语"lay down one's life"表示牺牲某人的生命，为人类的解放而献身，比直接说死好听得多、委婉得多。

（十一）对偶

对偶（antithesis）指将意义相关、结构相同、上下字数相等的部分对称地排列在一起以表示一个完整的意思。中文里的对偶要求出句与对句要平仄相对、词性相对，上半句与下半句必须各自独立，然后形成一对平仄律，让读者读起来十分悦耳。按类型分，对偶可分为正对、反对和串对。从结构上看，它又可分为严对与宽对。英语的对偶与汉语的对偶在组词时很相似，即上下对应、字数相同、意义相对，表示一种对比或对照的关系。

【示例】You are going；I am staying.

【译文】你离去，我留下。

【分析】英语"you"与"I"对应，"going"与"staying"对应。字数相同，意义相反，排列对称，译成汉语时也用了对偶句。

【示例】Man proposes，God disposes.

【译文】谋事在人，成事在天。

【分析】"Man"与"God"对应，"propose"与"dispose"对应，字数相等。

（十二）移就

移就（transferred epithet）是指将应该修饰某一事物的词语移到本不该修饰的另一事物上，例如，将通常用来修饰人的词语移到对事物的修饰上，在一定程度上增强了语言的艺术效果。

【示例】I threw a nervous glance at my son.

【译文】我紧张地看了一眼儿子。

【分析】这里的移就体现在形容词"nervous"上，它本来是修饰人的，现在用来修饰"glance"。它们之间的组合搭配不是常规的，因而这种词语的搭配是一种暂时的语言迁就，是为了达到某种效果而使用的。

【示例】He passed many anxious hours in the train.

【译文】他在火车上度过了许多令其焦虑不安的时刻。

【分析】"anxious"通常修饰人，表示人的焦虑心情，现在用来修饰"hour"，显然这是作者独特的写法。

三、英汉修辞翻译方法

（一）直译法

1. 定义

直译是把一种语言所传达的内容和形式变化为另一种语言的内容和形式的过程或结果，即在翻译过程中基本不改变原文的形式，更不改变原文的内容。就是尽量将原文的词序、语序、词汇意义、句法结构、修辞方式、文体风格、地方色彩和民族特色等保留下来，使译文与原文在形式上和内容上相互一致或基本相似。此外，直译法翻译的前提基础是既不能违背译文的语言规范和文化，也不能引起读者错误的联想。因此，在运用直译法时不要大意和马虎。

2. 适用条件

直译在一般情况下可以用于以下情况。

①英汉修辞格基本相似，如明喻、暗喻、拟人等。

【示例】Life is like a box of chocolate, you never know what you are going to get.（metaphor）

【译文】生活就像一盒巧克力，你不知道你将尝到什么口味的。

【示例】Sometimes the pen may be mightier than the sword.（metonymy）

【译文】有时文人比武士更有力量。

②保留原修辞格以表特殊含义或强调突出明显的民族、地方、历史等色彩。

packed like sardines

挤得像沙丁鱼罐头

my salad days

我的青春岁月

总之，无论哪种方式，哪种修辞手法，只要是和目标语文化和习惯相同或相近的，我们都可以采取直译的方法。

（二）音译法

1. 定义

严格地讲，音译也是一种直译。音译是根据源语的读音，将其文字符号转换成译语的文字符号的过程或结果。换句话说，音译法是指以音位为单位，在译文中保留源语的发音，以便突出原文主要语言功能的翻译方法。由于各民族的背景不同，一种语言所表达的事物有时在另一种语言中找不到对应词，如人名、地名、公司名、商标名以及科技术语等，为了忠实原文，保留其民族特色，避免因直译或意译带来的误解和不可读性，常常采用音译法。

2. 应用原则

（1）统一规范性原则

单纯音译即完全按照英语的发音找出汉语中相同或相近的替代词。它既不考虑原词的意义也不照顾汉语的词义，其最大的特点是转译词的语音与原词的语音基本相同。英语中大部分的人名、地名都采用单纯音译的译法，如Shakespeare（莎士比亚）、Milton（米尔顿）、London（伦敦）等。译人名、地名时应用该名所在国家的语言标准发音，不能以任一种方言或其他语言的发音代替。如George Bush（乔治·布什）不应按非标准发音译为乔治·布希。另外，音译应按国家颁布的各种语言汉译译名表，使用统一的音译用字，遵循规范性原则和历史性原则，按照约定俗成的译名翻译，避免译名混乱。

（2）音美意合原则

寓意音译法就是在音译的基础上，利用汉语的表意性，挑选有相关意义的词或语素，使所选字从汉语的角度具有一定的意义，追求一种神形兼备、音意双关的效果。这类转译词的语音和原词基本相同，但寓意取向可能不同。如miniskirt（迷你裙）平添青春妩媚气息，蕴含"迷你"之意，妙不可言。再看商品广告，Sprite取其谐音译为"雪碧"，"雪"含冰凉之意，"碧"具清澈透明之实，"雪碧"二字令人陶醉在冰雪般清凉澄碧的清爽之中。Coca-Cola"可口可乐"不仅译出了原词中的音韵节奏，而且使人对其甜美爽口、心旷神怡的口感充满无尽的遐想，更是沾上了快乐如意的喜气。

（3）意译结合原则

音译加注是把外来词音译后，根据其意义在音译部分的后面加上汉语表示类名的词，构成一个偏正结构的合成词，使读者更清楚所指何物。更确切地讲，音译加注是音译意译参半，即一个外来词中音译、意译各占一半。音译的部分是外国独特的名称，意译的部分是中外皆有的事物。如果事物纯属外来事物，原词又没有表示其性质类别的词或词素，汉语接受时往往先音译其词，再附加表示性质类别的限定词，简单易懂，使人一目了然。

（三）意译法

1. 定义

意译是指将一种语言所表达的意义用另一种语言进行释义性的解释。它与直译不同，直译强调的是"形似"，而意译则强调的是"神似"，它不规定译文的形式必须与原文相同或相似，只需将原文的意思表达出来即可。意译法一般用于直译不能正确传递原文意思的情况下，如民族文化差异而形成的表达缺失或者直译虽能达意但是效果不明显。因此，当原文和译文在词汇意义、句法结构、文体风格等方面差距悬殊或发生矛盾时，就不能拘泥于原文形式，应该采用意译的方法，将原文的思想正确地表达出来。

2. 翻译形式

意译法形式多样，有代还修辞格、转换比喻形象、增译引申法等，下面将对这三种形式展开详细分析。

（1）代还修辞格

代还修辞格是指在翻译英汉修辞的过程中，为了让句子更加有文采，可以将原文的词语代还成译文语言中内涵或交际意义相近的词语，也就是变换一种修辞格。需要注意的是，不是所有的句子翻译都能使用代还修辞格，要依据不同民族的文化背景和特点，进行有选择的替换。

【示例】He is all fire and fight.

【译文】他怒气冲冲，来势汹汹。

【分析】本例中的原文采用是英语中的头韵修辞法，将单词"fire"和"fight"中辅音的[f]进行重复。然而在译文中，两个单词分别被翻译成"怒气冲冲"和"来势汹汹"，是汉语中对偶和叠词的修辞方式，不仅在意义上进行了充分的表达，也更符合汉语的语言用法。

【示例】A being darkly wise，and rudely great.

【译文】愚昧的聪明，拙劣的伟大。

【分析】本例中的原文采用英语中的矛盾修辞，将两组互为矛盾的词语组合成一句话，给人一种意想不到的精彩效果。如果运用直译法翻译，可能达不到如此好的效果，但若将其处理成排比修辞的方式，句子的感染力顿时增强，有着完全不逊于原句的表达效果。

（2）转换比喻形象

中西由于民族现实环境和社会状况不同，其对于词汇的引申意义的认识自然是迥异的。因而，在处理英语修辞格句子的翻译时，有时必须更换比喻的形象。如"spring up like mushrooms"译成"雨后春笋般出现"，而不是"像蘑菇一样出现"，这样处理符合目标语表达习惯，更能被读者所接受。

（3）增译引申法

由于中西方文化的不同，一些带有修辞格的句子若直接被翻译成另一种语言，可能会出现理解的偏差，造成语用失误。因此，为了避免这一问题的出现，使得译文能够充分体现出原文的风格和韵味，就需要通过恰当的文字进行说明，也就是说在翻译的过程中注意词义的选择和引申，增加一些帮助读者理解作者思想意图的词句。

【示例】班门弄斧

【译文】to show off one's proficiency with the axe before Lu Ban the master carpenter

【分析】本例的原文俗语想要表达的是一种在行家面前卖弄本领，不自量力的意思，而在它的译文中，是通过一个具体的例子"Lu Ban"来说明的，但是由于中西文化的不同，中国读者能明白鲁班是能工巧匠的代表，而英文读者却并一定了解。因此，"the master carpenter"就是一种增译引申手法，起到注释前文的作用。这样的处理能够使源语中的文化信息得到充分的体现，有助于目的语读者更好地了解异国历史和文化，从而实现翻译的交际功能。

第七章　多元文化视角下的翻译理论与翻译方法

在文学翻译中，文化因素所起到的作用可以说是至关重要的，所以，若想进一步提高翻译作品的质量，加强各国之间的文化交流，就必须要对文学翻译中的文化差异进行正确的处理。在全球经济、政治、科技一体化的大背景下，多元文化并存也正成为大势所趋，这也就使得文化在各国的交流与往来中变得越来越重要。在这一趋势的影响下，文化逐渐成为文学翻译作品中一个十分重要的因素。当今社会，人们早已经将翻译视作一种跨文化交际的行为、一种文化模式的转化，而不仅仅只是单纯的语言符号之间的转换。所以，对文学翻译中的文化差异进行准确、恰当的处理，成为创造完美翻译作品的关键。

第一节　翻译中的文化因素与动态对等

一、文化因素

由于翻译作品的文体不同，它们所具有的语言特征也各不相同，这也就使得翻译实践与翻译作品紧密地联系在了一起。所以，翻译者如果想使自己的翻译作品更好、更真实地体现源语风格，必须要同时做到以下三点。

①掌握源语的特征。
②掌握目的语的特征。
③能够熟练运用源语和目的语。

不同语言风格的作品，所蕴含的文化因素也有一定的差别。比如一些科技体裁的文章，它们大多数所承载的文化因素都比较少。所以在翻译的过程当中，注重的并不是源语和目的语这两种语言文化之间的转换，而是需要如实、准确地将源语信息转化成目的语即可。

相反，与科技体裁文章不同的是，在翻译一些小说、诗歌、散文等文学体裁的作品时，首要考虑的一个因素就是文化差异。如果没有充分考虑到文化因素，那么翻译出来的作品在读者眼中就变得没血没肉、没有灵魂，只剩下用词汇和句子堆积起来的躯壳。所以，一名优秀的翻译者，在翻译文学作品的过程中，首先想到的就是如何处理不同体裁作品中的文化差异。

说到文化因素，不得不提到的就是诗歌，因为在所有文学作品当中，它是富含文化因素最多的一种文学体裁。不管是从内容上还是形式上，诗歌都充分展现了自身所特有的文化特征。其中具有浓厚文化特色的典型代表就是英语中的十四行诗以及汉语中的七律诗。在翻译实践中，需要做到以下两点：第一，将诗的内涵、风格以及原作者的思想准确无误地再现出来；第二，将诗歌自身特有的文化特色翻译出来。如果在翻译的过程中出现了文化差异的现象，可以通过一些翻译技巧来解决，常见的有增补、注释、回译、替代等。从而使目的语读者可以对源语的文化风格有更深刻的理解和体会。

通常情况下，汉语语言会对意合（parataxis）比较重视，它的一个最典型特征就是语言中无主语句且不完整的句子颇多。而英语语言则对形合（hypotaxis）更加重视，并且正常情况下，句子中都会有主语。所以，在英汉翻译中，两种语言文化差异之间的矛盾可以通过增加或删减主语、宾语、关联词等方式来实现，从而使语言和篇章更加连贯。

除此以外，可以有效弥补英汉文化差异的翻译技巧还有另外一种，即替代。比如"众人拾柴火焰高"翻译成英文为"Many hands make light work"（"众人干活活不累"），之所以会这样翻译，主要是为了更好地迎合英语读者的文化习惯。

再比如，英语国家文化氛围中的许多读者都觉得"兔子最温顺"，所以汉语中的"胆小如鼠"被翻译成英文时会用"兔子"来代替"老鼠"，译为"as timid as a rabbit"。更多类似的例子如下所示：水中捞月 to fish in the air；如鱼得水 like a duck to water；多如牛毛 as plentiful as blackberries，等等。

二、动态对等

尤金·奈达从语言学的角度出发，为源语和目的语制订了相互转换的标准，即"动态对等"翻译理论，也称为"功能对等"。这一理论遵循了翻译的本质，最大限度地减少了英汉翻译过程中存在的一系列差异。他认为，不管是从语义还是从文体，翻译都应该是用最恰当、自然、对等的语言实现对源语信息的再现。同时，他还觉得翻译除了包括词汇意义上的对等以外，还包括语义对等、风格对等以及问题的对等，并且，翻译传达的信息既有表层词汇信息也有深层的文化信息。

"动态对等"中的对等主要包括以下几个方面：第一，词汇对等；第二，句法对等；第三，篇章对等；第四，文体对等。尤金·奈达认为，相比于形式，意义则显得更加重要。如果过分重视形式，不仅会掩藏源语的文化意义，甚至会阻碍文化交流。所以，根据尤金·奈达的"动态对等"理论，在文学翻译的过程中，翻译者应将以上四个方面视作翻译的原则，从而可以准确地将源语的文化内涵在目的语中重现。

翻译者在翻译的过程中如果能够严格遵循以下三个步骤，不仅能够准确地再现源语文化，还可以有效消除文化差异。

（一）同时体现原文语义和文化特色

翻译完成的作品应既符合原文语义，又能够体现出原文的文化特色。由于英语和汉语属于两种完全不同的文化，有可能会存在一些类似的因素，但是绝不可能会完全相同。所以，若想将原文文化中想要展现的文化内涵完美地翻译出来，几乎是不可能的事情，翻译者在翻译时，只能是最大限度地将源语文化再现出来。

（二）视情况舍弃形式对等

在无法同时兼顾意义和文化的情况下，为了能将原文的语义和文化再现出来，译者就应该适时舍弃形式对等，在译文中改变原文的形式。比如，对英语成语"spring up like mushrooms"的翻译，虽然"mushroom"是蘑菇的意思，但是翻译成汉语时却被翻译成"雨后春笋"。这是由于在中国文化中，人们对"雨后春笋"这一成语和意象更加熟悉，理解也更加深刻。

（三）善于采用"重创"翻译技巧

如果改变形式仍然无法很好地将原文的语义和文化表达出来，则也可以采用"重创"这一翻译技巧来解决文化差异，从而使源语和目的语在意义上实现对等。所谓"重创"，指的就是将源语的深层结构转换成目的语的表层结构，换句话说，就是用译语的词汇来对源语文章的文化内涵进行阐述和说明。比如下面这个典型例子。

【示例】He thinks by infection, catching an opinion like a cold.

【译文】人家怎么想他就怎么想，就像人家得了伤风，他就染上感冒。

【分析】示例中英文原文的内涵是隐藏在字里行间的，而不仅仅是通过词汇的表面意义表达出来的。所以，如果依然是按照英汉语言字面上的对等进行翻译，则应译为"他依靠传染来思维，像感冒一样获得思想"，很显然，这样根本无法清楚地将原文的真正意义表达出来。

由此可见，在汉语当中，几乎不存在可以完全与英文对等的句型来表达同样的内涵。因此，翻译者才会通过将源语的深层结构转换成目的语表层结构的方式使读者更容易接受其翻译完成的作品。从尤金·奈达提出的翻译理论中我们不难发现，只有译文不管是从语言形式还是文化内涵都能够将源语的风格和精神再现出来时，才能算得上是一个优秀的作品。

第二节　归化和异化

一、归化和异化概述

近年来，翻译研究中出现了新的趋势。主要体现在以下两方面。
①交际理论已经在翻译理论中根深蒂固。
②从重视语言的转化逐渐转向对文化转换的重视。

正是由于这两种倾向的结合，使得翻译被人们视为一种跨文化交际的行为。比如克里斯蒂安·诺德直接将"翻译"这一术语用"跨文化交际"（intercultural communication）来替代；霍尔兹－曼塔里甚至直接将"翻译"说成是"跨文化合作"（intercultural cooperation）；勒弗菲尔用"文化交融"（acculturation）来替代"翻译"；丹尼尔·肖还创造出了"跨文化交际"（transculturation）这个词。由此可见，翻译已被人们看成一种文化转换的模式，而不再是简单的语言符号的转换。可以说，这一观点已经被学术界认可。

翻译与文化密切相关，因此，怎么处理文本中的文化因素就成了一个不可避免的问题，尤其是一些源语文化与目的语文化差异比较大的文本。对于现实世界的认识，信息发送者和信息接收者是存在差异的，并且二者之间也可以不存在任何的对应关系，这一点是每个翻译者都应该清楚的。

对于翻译中存在的问题该如何解决，翻译界内部产生了一些分歧。大致分为以下两种对立的观点：第一，"异化"，这种观点主张的是将源语或原文作者作为归宿；第二，"归化"，这种观点认为译文应以目的语或译文读者为归宿。

韦努蒂认为德国哲学家施莱尔马赫所写的《论翻译的方法》（*On the Different Methods of Translating*）一文是这两类翻译策略的源头。施莱尔马赫认为，翻译的途径主要包括以下两种。

①不打扰作者，尽量让读者向作者靠拢，即"顺从作者"，也称为"异化法"（alienating）。

②在尽可能不打扰作者的情况下,让作者向读者靠拢,即"顺从读者",也称为"顺化法"(naturalizing)。

施莱尔马赫认为,由于这是两种截然不同的途径,所以切记不可将这两种途径混合使用,而是应该选择好一种合适的途径之后,坚持下去,否则必然会产生许多不良的后果,使读者无法很好地理解原作想要表达的意图。施莱尔马赫本人是赞成让读者向原文作者靠拢的,他的这篇文章对包括韦努蒂在内的后世翻译学者产生了深远的影响。同时,"归化"和"异化"概念的产生也与施莱尔马赫文中提出的"顺化"和"异化"有关。

在《译者的隐身》一书中,韦努蒂对"异化"策略给予了更多的肯定。他通过对17世纪以来英语翻译历史的考察和研究,发现一直占据主导地位的是"通顺"(fluent)的翻译。人们认为好的翻译的标准是翻译后的文章读起来没有翻译过的痕迹,而这也恰恰是"通顺"翻译的优点。但韦努蒂却不这么认为,他觉得,这种透明的假象会掩盖翻译者所付出过的劳动,这就使得翻译者变成了隐形人,从而得不到其应得的地位。并且,也正是这种"隐形"或"不可见性",将翻译者置于一个相对尴尬的处境。

此外,韦努蒂认为,这种情形相当于文化层面上的殖民主义,属于一种失衡的状态,若想有所改变,就必须要有意识地去使用"异化法"。也就是说,采取抑制译入语文化价值、突显外国语言文化差异的翻译策略。

总的来说,异化的翻译的根本目的就是将源语文本的异质性凸显出来,尽量减少译入语从意识形态上对源语的控制,从而使译者更有存在感。它的翻译风格不仅不流畅,而且有些陌生化,属于一种"抵抗式"(resistant)翻译。他认为,异化翻译作为一种有效手段,能够起到以下几方面作用。

①遏制民族中心主义。
②批判文化上的孤芳自赏。
③反对文化霸权主义。

《译者的隐身》第二版出版后,韦努蒂在与郭建中先生的访谈中,提出了一些新的主张。他认为,"归化"和"异化"不是全然不同的两个元对立的术语,不是简单地等同于"通顺"和"阻抗"这对话语策略的术语。韦努蒂说:"语际翻译是文化间的调和,语言是文化的实践。"他还说"另一个误解是,把归化翻译和异化翻译看成一对对立的概念,但情况并非如此,这是因为异化翻译也要落实到接受语文化中。因此,在一定程度上说,异化翻译也是归化,两者之间没有绝对的分界线,并在一定程度上是重叠的。归化的翻译不是异化,但异化的翻译只能用归化的语言,这样说是正确的。"韦努蒂在先前的访谈中还强调指出:"任何翻译的概念必须本地化,这一点十分重要。"

近年来,"归化""异化"逐渐成为翻译研究领域的热门名词,并且,它所蕴含的思想与西方译论传统是一脉相承的。比如,歌德将翻译分为以下三类。

①用自己的说话方式来了解外国。

②试图让自己置身于异国境地,但实际上却仅仅只是盗用外国的思想观念当作自己的思想。

③译文与原文完全一致。

归化翻译和异化翻译是翻译中处理文化差异的两种策略,它们是相辅相成、不可分割的关系。翻译者在采用这两种策略时,应用辩证的眼光去看待,根据具体语境来灵活运用。从理论上来看,归化的翻译就是把语言视作交际的工具,它主要是通过缩小文化因素中存在的差异、对原文进行改变和调整等方式,来追求译文的通顺、自然,使读者在阅读翻译完成的作品时有一种读母语的感觉。异化的翻译,主要就是为了使源语的语言和文化特点能够最大限度地保留下来,并通过移植的方式来实现文化交流的目的。此外,异化的译文还能使读者对外国的风情、先进文化以及语言特点有一定的了解,从而不断弥补本民族文化的不足,丰富民族语言的表达。

受自然条件、社会环境、历史状况等因素的影响,使得各民族在不同时期的文化呈现出了不同的形态,同时也在不同程度上表现出了一定的差异,甚至同一民族的不同地区也或多或少地出现了亚文化。由此可见,文化之间的差异是必然会存在的。但这也并不意味着这种差异之间不存在相似性和完全重合的情况。因此,不同民族文化往往是"异"中存"同",彼此之间既有共性,以便于各文化之间能够更好地沟通;又有各自的个性,在证实了自身文化所特有的异质成分的同时,还充分体现了文化的多样性和多元性。

文化和语言是相互补充、相互配合的,它们是不可分割的一个整体。可以说,语言是文化的一种反映,承载了丰富文化内涵的同时,也受到文化的制约。翻译属于一种跨文化的活动,任何翻译都是一种文化的传达,它主要是通过移植的方式,将一种文化环境里产生的作品传达到另外一种文化环境当中。由于不同的民族都被自己的文化所塑造,都有属于自己的生活环境和独特的文化体系,所以不可避免地会使读者在理解各民族文化差异时遇到一定的困难,更有甚者还可能会引起误解。

如果将语言比作一块织物,那么组成这块织物的一部分就是文化,也就是说,文化已经巧妙地融入语言当中。语言各不相同,文化各有特点。不同语言之间的差异,实际上是不同文化之间共性与个性的外显形式。任何一个国家和个人都不可能独立生存和发展，于是各民族之间就有了交流的需求，在这个基础上，也就衍生出了翻译活动。如果将翻译视为两种语言之间的简单转换和语言专业知识及技巧简单的相加那就大错特错了。翻译其实是一种语言活动，翻译的过程中必然会涉及两种不同的文化，而翻译的结果就是运用一种语言把另一种用语言所表达的思想内容完整地重新表达出来。

在当今这种社会政治背景之下，人们开始提倡文化多元化、追求文化平等，不管是交际还是文化都强调以人为本，所以在处理翻译过程中的文化因素时，应将人文关怀放在重要位置。

作为一名优秀的翻译者，除了要对两种语言之间的异同有一个较为充分的了解之外，还要对不同民族背后的文化异同有一定的了解，只有这样才能在翻译活动以及文化因素的转换中选择更为恰当有效的转换手法，有助于文化之间的沟通和整合。

归化多用于一些强势文化当中，它主要是采用民族中心主义态度，使外语文本更加符合译入语的文化价值观，从而可以更好地将原作者的思想带入到译入语文化当中。异化则主要是对外语文本语言和文化差异的一种接受，并试图将读者带入外国语境当中，所以往往会受到文化价值观偏离主义的压力。相比之下，在当代中国的翻译中，最常用到的还是异化手段。

二、如何正确认识翻译的归化与异化问题

应该说，韦努蒂提出以"异化"的翻译策略来彰显不同语言与文化之间的差异性，提升译者的文化地位，这种看法是颇有见地的，对于推动文化间的平等交流有着积极的意义。但是我们也应注意到，韦努蒂是从后殖民主义的角度来审视和研究强势文化对弱势文化的侵略以及被压抑在英美文化边缘的翻译行为的。"归化"和"异化"概念的提出，更多的是借翻译的视角来阐释其反帝国主义、反文化霸权的立场，韦努蒂反对译文通畅的主张也是基于这种立场，其实并不适合盲目地拿来指导翻译实践。

此外，韦努蒂的"异化"思想是基于他对英美大国在翻译活动中用地道归化的英语来淡化弱势文化地域特点和语言独特性的不满和批评，是有很强的针对性的，并不一定适合在其他文化语境下推广，比如在法国或其他欧洲小语种国家，采用异化策略来翻译英语作品的话，恰恰方便了英美文化的长驱直入，反倒是归化的译法可以帮助这些国家保留自己语言的特色。

其实，尽管韦努蒂大力提倡"异化翻译"，他本人也意识到其中有一些矛盾之处，即"异化"是一个主观的、相对的概念，当中仍然涉及一定的"归化"

因素,因为源语文本在进入译入语文化之后,必须依赖译入语文化的主流价值才能"显现"(visible)。因而,韦努蒂后来特意强调:异化和归化具有"一种非本质的可变性,只能在译文产生及发挥影响的特定的文化情境中,才能对其加以定义"。

韦努蒂的异化理论一经提出,便在译界产生了广泛的影响,不少翻译学者从异化论的角度出发,对翻译理论中的一些基本概念,如直译、意译、对等、忠实等,进行了重新审视,而已沉寂了一段时间的"直译/意译"之争也因此重新浮出水面,并演化为一场关于异化和归化孰优孰劣的论争。

在讨论这个问题以前,我们还是先要辨明"异化/归化"与"直译/意译"这两对概念的不同,具体如下。

①直译和意译这对概念的一种延伸即为归化和异化,这两对概念之间的区别就是归化和异化作为文化转向的产物,所具有的文化、文学以及政治内涵相比于直译和意译来说更加深刻。

②直译和意译属于语言层次上的讨论,而归化和异化则是对文化、诗学、政治层面上的讨论,是语言层次讨论的一种延续和升级。

③直译和意译之争的关键是意义和形式的得失问题,归化和异化之争的关键则是文化身份、文学性和话语权力的得失问题。

④人们对于直译与意译的讨论涉及更多的往往是方法论问题,而对于归化和异化的讨论,则常常具有加强的意识形态色彩。

下面这个例子也许可以帮助我们了解"直译/意译""归化/异化"这两对概念之间的不同。

【示例】In the country of the blind, the one-eyed is king.

【译文1】盲人国里独眼称王。

【译文2】山中无老虎,猴子称大王。

【分析】假如从直译/意译的角度来审视上面两个译文,那么,译文1可视为典型的直译,因为它不仅保存了原文的意义和语法结构,还保留了原文的比喻和形象;译文2则采用意译的方法,改变了原文的形象(以汉语的习语替换了英语的说法)和语法结构(将原文的单句结构改为复合句结构),但原文所要表达的意思还是忠实地传递出来了。

假如从归化/异化的角度来分析,我们则会发现以下两点。

①译文1通过保留源语文本在语言和文化上的差异,体现了对外国文化的容忍和尊重,是一种挑战译入语语言和文化规范的"异化"式翻译。

②译文2采用了译入语中的习惯说法,使得译文在读者看来既通俗又易懂,

不存在任何理解上的阻碍，但是这种做法实际上是篡改了原文，抹杀了外国文本自身所特有的语言和文化特点，是一种以译入语文化价值观为主导的"归化"式翻译。

如果仅仅作为两种不同的翻译原则和方法来看，归化法和异化法其实并非像人们想象的那样格格不入，而是各有长短、互为补充的。归化的翻译目标是确保源语和译入语能够有效地交际和沟通，从而使译入语读者的接受心理和审美感受能够被充分考虑到，将源语文本的相关信息用较为纯正的本族语表达出来，使读者阅读起来更加顺畅。

美国翻译理论家尤金·奈达所提出的"动态对等"（dynamic equivalence）或"功能对等"（functional equivalence）原则就是较为典型的"归化"思想的一种体现。他认为，应该尽可能地使用符合译入语表达规范的言语形式来进行翻译，力求找到最贴近原文的对等表达。同时，翻译出的文本还应做到行文自然，尽量避免翻译腔。

此外，尤金·奈达对于读者的因素也比较看重，比如在翻译的过程中遇到了一些译入语中没有的说法，那么翻译者就应该尝试着去寻找译入语当中能够与原文对等或相应的表达方式来进行翻译，从而使译文读者能够产生与原文读者相同的反应。比如在公共场所比较常见的公示语 Wet Paint，如果直接翻译过来的话就是"湿油漆"的意思。虽然这样翻译人们也能够理解，但是一般情况下，在汉语中并没有这样的说法，所以，根据尤金·奈达的对等说法，就应该翻译成"油漆未干"。

一般来说，归化的翻译所用到的词语大多都具有译入语的文化色彩，所以其往往具有以下优势：第一，在表达上更加符合译入语的言语规范；第二，译文读起来更加地道、更加自然；第三，更容易被读者接受和喜爱。但归化的翻译也有一定的缺陷，那就是译者很容易就会张冠李戴、过度归化。

举个例子来说，英国翻译家哈伯特·翟尔斯将李白的《金陵酒肆留别》中的"吴姬压酒劝客尝"翻译成了"While Phyllis with bumpers would fain cheer us up"。李白诗中的"吴姬"指的是江南一带金陵酒店的女侍者，而哈伯特·翟尔斯翻译过来的 Phyllis（菲丽丝）所指的是古希腊和欧洲文艺复兴时期的田园诗或牧歌中常见的牧女或恋人的名字。很显然，这种替代是中国读者无法接受的，哪怕是西方读者读起来也必然会觉得诧异，Phyllis（菲丽丝）这样的人物怎么会出现在了中国古典文化当中，所以难免会觉得有些突兀。除此以外，滥用译入语的习语、俗语或套话也是归化过度的表现，从而使翻译出的文本变得不伦不类。

相比之下，异化的翻译就更能使原作者的独特表达方式和源语文化保留下来，让读者有一种身临其境的感觉，从而更好地去领会原作的风貌。总的来说，异化的翻译对源语文本和文化方面的差异性更加注重。在翻译中国古诗方面，较为出众的要数美国意象派诗人埃兹拉·庞德，以下列举一个较为典型的例子。

【示例】抽刀断水水更流，举杯消愁愁更愁。

【译文】Drawing sword, cut into water, water again flows. Raise up, quench sorrow, sorrow again sorrow.

对于他的译文，不同的人持有不同的观点，有的人表示认同，但有的人却表示看不懂这样的英文。但不得不承认的是，他的翻译很好地将原诗的形式和句法结构再现出来，从某种角度来看，非常符合汉语句法上的意合特点，巧妙地运用了中国古典诗歌中将不同意象叠加在一起的表现手法，使得外国读者在不懂中文的情况下，也能了解中国古诗的原貌。

异化策略更多的是舍弃符合译入语规范的习惯表达，通过直译的方法保存外国文本的"原汁原味"，比如下面这个例子。

【示例】（方鸿渐）自信这一席话委婉得体，最后那一段尤其接得天衣无缝，曲尽文书科王主任所谓"顺水推舟"之妙，王主任起的信稿子怕也不过如此。（钱钟书《围城》）

【译文】He was confident his little speech was tactful and proper, especially the last part, which had been sewn together as flawlessly as "a divine suit of clothes"; it would achieve his objective in every way, what Chief-secretary Wang called as naturally and effortlessly as "pushing a boat downstream".

【分析】《围城》的英译者在保留原作文化色彩方面可谓是下足了功夫，上例中的两个成语"天衣无缝"和"顺水推舟"本可以直接意译为"flawlessly"和"naturally and effortlessly"，倒也不伤文意，但译者还是采用了异化的翻译方法，译为"sewn together as flawlessly as 'a divine suit of clothes'"和"as naturally and effortlessly as 'pushing a boat downstream'"，保留了原有的喻体和形象化的语言，为英文读者带来不一样的阅读体验。

在进行文本移植的过程中，原本就需要使用不同的方法和规模，所以，译者在翻译的过程中，可以视情况来决定是使用"归化"的原则和方法还是使用"异化"的原则和方法。同时，也可视情况来选择保留源语文化的类型和方法，以及为了适应译入语文化，应对源语文化做出哪些调整，等等。对于译者来说，在翻译的过程中，最为关键的就是自身要具有深刻的文化意识，充分了解两种文化之间的异同。

异化和归化问题之所以成为译界的一大焦点，是与全球化的趋势密不可分的。在各国文化之间的交流和融合日益加速的今天，是应该放弃多语种追求单一化，还是应该保护独立的个体，让多种多样的文化和各种土生土长的语言并存，成为包括翻译工作者在内的许多人所关注的话题。保护文化的多样性和差异性已成为当今社会的主流和人们的共识。而作为文化交流的载体，翻译更应当起到使人们互相沟通而又不丧失其文化身份的作用。

三、技术层面上的归化与异化处理

在技术层面上处理归化和异化问题，必须明确一个原则，即要辩证地看待归化与异化之间的关系。归化和异化有着各自的优势，在翻译中可以起到不同的作用，满足不同的翻译需求，两者虽然有着不同的倾向性，但并非水火不相容。事实上，既不存在完全归化的译文，也没有完全异化的翻译。鲁迅就曾说过："其实世界上也不会有完全归化的译文，倘有，就是貌合神离，从严辨别起来，它算不得翻译。"一个好的译本中总是既包含归化的成分，也包含异化的成分。此外，处理归化和异化问题还要避免走极端，只有在二者之间达到一种平衡，才能译出既体现原作风貌，又为读者所接受的译文来。

下面谈一下具体的做法。首先，出于对源语文化的尊重，应尽可能多地让读者领略原作的异域风貌。我们主张在翻译的过程中，特别是在处理文化因素时，应该多使用异化的策略。比方说"fine feathers make fine birds"一例，假如保留原有的表达法，直译成"羽毛漂亮鸟儿才漂亮"，要比套用汉语里现成的说法如"人要衣装，佛要金装"或"人配衣裳马配鞍"更加新鲜有趣。因为异化的译法不仅传达了原文"说了什么"，而且展示出原文是"怎么说"的，对于乐意了解西方文化的读者来说，也许具有更大的吸引力。我们可以比较下面例子中两种不同的译文。

【示例】Money makes the mare go.
【译文】有钱能使马蹄忙（有钱能使鬼推磨）。
【示例】Look for a needle in a haystack.
【译文】干草堆里寻针（大海捞针）。
【示例】Great oaks from little acorns grow.
【译文】巨橡从小小的橡子长成（合抱之木，生于毫末）。
【示例】Rome is not built in a day.
【译文】罗马不是一天建成的（冰冻三尺，非一日之寒）。
【示例】A closed mouth catches no flies.

【译文】苍蝇进不了紧闭的嘴（祸从口出）。

以上各例中括号里所给出的归化译法虽然也能传递出原文的信息，而且更加符合汉语的表达习惯，便于理解，然而却剥夺了中文读者了解西方文化的机会。而异化的译法则形神兼备，不仅如实地将原文的内容翻译过来，还起到了文化传播的作用，让读者认识到中西方文化的异同。当然，出于为读者的考虑，在异化的同时也可以加上一些文字上的补充说明或者注释。比如上面最后一个例子"A closed mouth catches no flies"，也可以译成"嘴不开不进苍蝇，话少说少惹麻烦"。我们再来看《围城》英译本中的一个例子。

【示例】"总而言之，批分数该雪中送炭，万万不能悭吝。"

【译文】"In sum, when marking one should send coal when it snows, that is, provide that which is most needed, and never be stingy."

【分析】译者将"雪中送炭"这个四字成语直译为"send coal when it snows"，紧接着点出了其中的喻义"that is, provide that which is most needed"。这样的处理方法使得英文读者能够在解释性文字的帮助下更好地理解这句话，并产生和中文读者同样的联想。不过，如果异化的翻译远远超出了译入语的语言文化规范许可的限度，或远远超出读者所能接受的范围，甚至会引起他们的误解，译者就只有舍弃"异化"，转而采用意译或者较为归化的翻译。请看下例。

【示例】She was full of clemency and conciliation. She had laid in several chaldrons of live coals and was prepared to heap them on the heads of her enemies.（Charles Dickens, *Martin Chuzzlewit*）

【译文】她宽宏大量，已经想好了许多对敌人以德报怨的点子，好让他们心生悔意。

【分析】这是英国作家狄更斯的小说《马丁·朱述尔维特》中的一句话，其中"heap coals on sb.'s head"的说法其实来自《圣经·箴言》："If thine enemy be hungry, give him bread to eat; and if he be thirsty, give him water to drink; For thou shalt heap coals of fire upon his head, and the Lord shall reward thee"（"你的仇敌若饿了就给他饭吃，若渴了就给他水喝。因为你这样做是把炭火堆在他的头上，耶和华也必赏赐你"）；因此，"将炭火堆在某人头上"的意思是：以善来感化人，使他感到羞愧，犹如置炭火于冰霜之上使之消融一样。但我们若是采用异化的方法保留原文中的这个暗喻，直译成"她已经准备好了许多熊熊燃烧的炭火，打算把它们堆在仇敌的头上"，不了解这个《圣经》典故的中国读者极有可能会认为文中的"她"把炭火堆在仇敌的头上是为了报复他们，这与原文所要表达的意思恰恰相反，也与第一句话"She was full of clemency and conciliation"相矛盾。在这种情况下，放弃异化的翻译，意译出表层文字之下所隐含的意思，反而成为更好的选择。

上面说到，在文化层面上应力求最大限度地异化，以保留和传递源语文化的特色。那么，在语言表达层面上，则应以归化为主，尽量使用明白易懂的文字来传递原文的内容和信息，因为翻译的首要任务还是为不同的民族与文化架起沟通的桥梁。假如为了凸显源语的"异质性"而刻意让译文变得佶屈聱牙，让人读不下去的话，反而违背了翻译活动的宗旨。比如思果曾举过下面这个例子。

【示例】I cannot recall his ever uttering a word that was purely matter-of-fact, and not deeply drawn from his innermost.

【译文1】我记不得他曾说过一句纯粹乏味的话，而不是从他心坎中发出来的。

【译文2】照我所晓得的，他从没有说过一句完全乏味的话；每一句话总是从心坎里掏出来的。

【分析】思果对第一种译文的评价是"这是外国话，虽然用的是中国字"，显然，该译文试图在语言层面上照搬原文的句式，然而这种"异化"的句式却打扰了信息的有效传递，结果只能是让读者感到费解。同样的例子还能举出很多，比如下面这句话。

【示例】But a farmer can need none of my help, and is therefore in one sense as much above my notice as in every other he is below it.

【译文】不过，一个庄稼汉不可能需要我的帮助，所以在这个意义上说，他高于我注意的范围，正如在所有其他各个意义上，他低于我注意的范围一样。

【分析】译者将"above my notice"和"below it"生搬硬套地翻译成"高于我注意的范围"和"低于我注意的范围"，若改译为"用不着我关心"和"不值得我关心"，自然就一目了然了。

此外，文本的类型不同，采用的翻译策略也有所不同。巴斯奈特认为，在翻译技术、法律、科学以及新闻等方面的文本时，可以用到的最为合适的方法就是归化法。对于一些宣传资料、通知、公告、广告、新闻报道、通俗文学、科普著作等实用性文体的文章，在翻译的过程中一般会遵循译入语文化。比如下面这个例子。

【示例】随处吐痰，最为恶习。既惹人厌，又碍卫生。车站月台，尤需清洁。倘有违犯，面斥莫怪。

【译文】In the interest of cleanliness and public health passengers are requested to refrain from spitting in the train or within the station premises.

【分析】可以看出,原文是火车站站台上较为常见的告示,其内容主要是提醒旅客不要随地吐痰,共同维护站台环境。这段告示的译文采用了归化的译法,翻译过程中充分考虑到了英语国家习惯的表达方式。之所以如此,是因为如果严格按照原文直译过来的话,译文就会如同打油诗一般,变得不伦不类,从而无法起到警示作用。

"归化"和"异化"的翻译原则和方法在具体实践当中并不会发生任何的冲突,译者只需要根据以下条件进行合理选择即可:第一,文本需求;第二,读者对象;第三,翻译目的。同时,要杜绝过度"归化"和"异化",要努力找寻两者之间的某种平衡,只有这样才能翻译出既能够很好地保留原作风貌,又广受读者喜爱的译文。

第三节 创造性叛逆

一、创造性叛逆的概念意义

创造性叛逆就其具体表现形态而言,与误读、改写等其他一些概念有着相似之处。既然有相似的概念存在,对这些概念加以区别就显得非常必要。因为与其他概念相比,一个概念如果缺乏独有的切入视角与研究价值,那么它存在的必要性就会是一个大大的问号。

误读(misreading)是一个使用非常广泛的概念。乐黛云与勒·比松主编的《独角兽与龙》是中国较早关注误读现象的论文集。在序言中,乐黛云指出:"所谓'误读'是指人们与他种文化接触时,难以摆脱自身的文化传统、思维方式,往往只能按照自己熟悉的一切来理解别人。"在乐黛云与张辉主编的另外一部关注误读较多的论文集中,有学者将误读视为"文化间理解的条件"。此外,还有人将误读与正读放在一起进行比较,认为正读是符合作家创作原意的阅读,而误读则与作者原意相抵牾,指的是"接受者的阅读是在文本所提供的某种客观依据和潜能的基础上的一种积极和创造性的读解形式"。

翻译中的改写(rewriting)研究始于比较文学学者、翻译理论家勒菲弗尔所写的《翻译、改写以及对文学名声的操控》一书的序言中,勒菲弗尔与巴斯奈特明确提出"翻译理所当然是对原作的改写",并进一步指出所有的改写都是意识形态与诗学的反映。改写是权力支配下对文学的操纵,其积极意义是可以带来新的文学观念、体裁与表现手法,促使文学与社会产生变革;其消极意义也有可能压制革新。

值得注意的是勒菲弗尔指出改写理论并不是翻译理论,而是一种文学理论。改写不仅存在于翻译中,同样存在于文学史编纂、文学选集编纂、文学批评与编辑中,甚至存在于电影、电视剧的改编中。但是翻译"是一种最为显著而易辨别的改写,它也有可能是最有影响力的,因为翻译能够在其他文化中反映出原作与原作者的形象,并使之超越文化的界限"。勒菲弗尔的改写理论在翻译研究中产生了巨大的影响,他所倡导的赞助人、诗学与专业人员对于改写的影响在某种程度上确立了一种翻译研究范式。

创造性叛逆与误读和改写具有很大的相似性,具体如下。

①这几个概念具有相似的表现形态。创造性叛逆表现为个性化翻译、误译与漏译、节译与编译、转译与改编,而误读和改写同样具有几乎相同的指向,那便是偏离原文的理解与翻译。

②这三个概念都是翻译研究中的重要术语,但都不仅仅局限于翻译研究。误读的使用在三个概念中最为广泛,而且更多地使用在文学研究中。勒菲弗尔改写理论的影响虽然主要在翻译研究中,但其他研究领域内的改写,从文学名著的改写到电影的改编一直得到学界的研究与关注。与前两个概念相比,创造性叛逆虽然源于埃斯卡皮对翻译的论述,完善于谢天振的译介学研究,而且主要应用于译介研究,但其研究范围同样不仅仅局限于翻译。

学界对于误读与改写的关注和研究充分证实了创造性叛逆的价值。但是,将创造性叛逆与误读和改写并置,目的并不是将误读与改写作为论证创造性叛逆价值的证据,而是要加以追问:与误读和改写相比,创造性叛逆是否具有独特性;作为一个研究术语,创造性叛逆是否具有区别于其他类似概念的特征等。

任何一个概念都是能指与所指的集合,所以我们需要回到创造性叛逆的能指本身,从语言层面分析"创造性(creative)"与"叛逆(treason)"的指称意义及蕴涵意义,并进一步探究"创造性"与"叛逆"之间的关系以及两者相结合所产生的意义及效果。在"创造性叛逆"中,从语法结构来讲,"创造性"是修饰语,"叛逆"是中心词,所以我们首先对"叛逆"加以分析。

与"叛逆"相对的概念无疑是"忠实""忠诚"。在中国传统的儒家伦理道德体系中,"忠"作为最为重要道德标准,是整个社会存在的基石。从英国对文学叛逆罪严厉的处罚来看,忠诚同样是重要的伦理信条。

钱钟书认为导致翻译中的"讹"或者"叛逆"的原因有以下三点。

①不同的语言文字之间的差异。

②译者对于原作内容、形式甚至风格的理解与创作本身的差异。

③译者的理解与表达之间的差异。

这三个方面构成了翻译中的主要障碍，很多人甚至认为这种障碍是不可逾越的，从而称之为翻译中的不可译现象。

使用"叛逆"这一术语还有着另外一层含义，那就是"叛逆"与霸权、权力、对抗、反叛等意义联系在一起。"叛逆"一词有着丰富的内涵，可以提供不同的理论视角来审视翻译的本质、翻译的矛盾以及矛盾各方在权力关系中的竞争与协调等重要的问题。事实上，"叛逆"也并非全然的贬义词。在对于传统、权威、统治者的质疑、反抗与颠覆中，叛逆者往往表现出无畏、不屈、英勇的精神，不盲从的独立思考能力以及对于被统治者、被压迫者的关怀。

与"叛逆"具有争议不同，翻译的"创造性"特质在很大程度上得到了认同。很多译者和研究者将翻译视作一种艺术，译作是生成与创造的艺术品。原作的艺术特色，包括风格、神韵、艺术形象、表现方式等，在翻译中的传递与表达必然会受到译入语语境中的诗学观念以及对于美的期待的影响，必然会融入译者自身的感受、理解乃至风格当中。

这样的传递过程虽然与原作的创造有着不同的特点与要求，但也不会是简单的"复制"，而是一种具有创造性的行为。很多翻译家从切身体会谈到翻译与创作之间的关系。朱光潜虽然提出从翻译的立场应该对原文"尽量地忠实"，但还是承认"好的翻译仍是一种创作"。茅盾在全国文学翻译工作会议上的报告第三部分的标题便是"必须把文学翻译工作提高到艺术创造的水平"。余光中说："真有灵感的译文，像投胎重生的灵魂一般，令人觉得是一种'再创造'。"谢天振教授在论述"创造性叛逆"中的"创造性"时指出："文学翻译中的创造性表明了译者以自己的艺术创造才能去接近和再现原作的一种主观努力。"

文学翻译中的创造性可以表现在主题的借鉴、文学样式与体裁的更新等方面。从晚清到五四，在翻译小说的影响下，中国小说进行了叙事模式的转变。在大洋彼岸，通过中国诗的译介，美国爆发了轰轰烈烈的新诗运动。在非文学翻译中，译者有时会在译文中直接表达自己的创见。

在分别考察了"叛逆"和"创造性"之后，我们对"创造性叛逆"就会有比较清晰的认识。使用"创造性"来修饰"叛逆"，从感情色彩来说，具有一定的矛盾修饰效果。把表面看来互相矛盾的词组合在一起的修辞手法称为矛盾修饰法。在"创造性叛逆"中，"创造性"明显带有褒义，而"叛逆"从词源来看，则带有贬义。具有不同感情色彩的词组合在一起就会形成了极大的反差，出其不意的表现手法带来了强烈的修辞效果，揭示了翻译的复杂性以及内在矛盾的对立统一性。

但是"创造性叛逆"并非完全的矛盾修饰,从语义上来看,"创造"与"叛逆"具有非常密切的关联。要想有创造,必须要推陈出新,对于包括自身传统与异域文化在内的他者需要持有怀疑与否定精神,对于既有的思想、观念、习俗、制度需要加以突破与反叛。叛逆意味着不守旧,意味着求新求变,只有具有肯定自我价值的叛逆精神,才会有与他者交融、生成新的观念的创见。可以说,创造孕育于叛逆之中,而叛逆则是创造的先决条件,要有所创造,必然有所叛逆。如果没有对前人的叛逆,就不会摆脱前人影响的焦虑,也就不会有创造。从两者的语义关联来说,用"创造性"来修饰"叛逆"显然是恰如其分的。

二、创造性叛逆的形态

（一）个性化翻译

译者在翻译时都有自己的原则和追求,因此,同一作品在不同译者手中就会产生不同的创造性叛逆。对于拜伦的《哀希腊》,梁启超用元曲来译,马君武用七言古诗体,苏曼殊用五言古诗体,胡适用的则是离骚体。"归化"是个性化翻译的一个主要特征,而"异化"同样也可以体现出个性化翻译。

（二）误译与漏译

大多数误译和漏译都属于无意识型的创造性叛逆。在传统翻译领域,误译是不被接受的,但从比较文学的角度来看,它的研究价值却不容小觑。可以说,误译是对译者理解另一种文化时所产生的误解与误释的反映,是文化和文学交流中的阻滞点。误译将不同文化之间的碰撞、扭曲和变形较为突出和鲜明地反映了出来。当译者对原文的语言内涵、文化背景等了解得不够充足时,就会出现无意误译的现象。而译者为了更好地迎合本民族读者的文化心态和接受习惯,强行引入外来文化模式,故意采用不正确的方式进行翻译,于是就产生了有意误译,进而出现了创造性叛逆。

（三）节译和编译

节译和编译都属于有意识型创造性叛逆。这种创造性叛逆的原因主要有以下几种:第一,与接受国的习惯和风俗保持一致;第二,迎合接受国读者的趣味;第三,政治因素。节译本中所有的句子都是根据原文译出的,而编译本中的句子,既有根据原文编写、改写的,也有编译者出于某种需要添写的。在很多情况下,节译和编译混杂在一起,不易分辨。

（四）转译和改编

它们是特殊的创造性叛逆，因为它们都使原作经受了"二度变形"。转译是指借助一种外语去翻译另一种外语。这种翻译产生的变形相当巨大。除了考察变形问题，转译中媒介语的变化、译语对外国文学的主观选择与接受倾向也是值得研究的问题。改编的叛逆性一般在于文学作品的样式和体裁的变化。

三、创造性叛逆和文化差异

在文学翻译中，译者经常思考究竟是按照源语规范直接翻译源语文本，还是依照目的语规范再创源语文本使其更像目的语的文本，更能为目的语读者接受。实际上，在每个文学翻译作品当中都蕴藏着创造性本质。翻译作品应来源于源语文本，但从某种程度上来看，它也应该是源语文本的一种再创造。在文学翻译当中广泛存在着创造性叛逆，其目的主要包括以下两方面。

①最大限度地使目的语读者的文化思维和习惯得到满足，从而可以较容易地接受译作。比如巴尔扎克所写的小说 *La Cousine Bette* 和 *Le Pere Goriot*，如果直译成汉语的话就是《表妹贝德》和《高里奥大伯》。翻译家傅雷为了让目的语读者更好地了解和接受原作，于是根据原作中的人物性格特征以及独特的背景，将这两部作品译为《贝姨》和《高老头》。傅雷的翻译在中国读者中广为流传，以至于人们渐渐忘了原作的标题。

②强制性地向目的语读者介绍源语的语言和文化知识。比如在对艾略特所写的《阿尔弗雷德·普鲁弗洛克的情歌》中的"Should I, after tea and cakes and ices, have the strength to force the moment to it crisis！"进行翻译时，译者将其译为："是否我，在用过茶、糕点和冰食以后，有魄力把这一刻推到紧要关头"，这样翻译的目的就是让中国读者认识欧化句型。这个译句不管是从意义还是从句型结构上，都与中国读者所能接受的文化有很大的差距。但译者通过创造性叛逆的手法，将源语的风格和内涵充分体现了出来。

许多文化差异上的矛盾和问题之所以能够解决，很大程度上归功于对创造性叛逆的使用，可以说，创造性叛逆为矛盾和问题的解决提供了全新的思维方向。需要特别注意的是，绝对不能在文学翻译的过程中胡乱使用创造性叛逆，一定要严格遵循相应的翻译标准和原则。在对一些富含特殊文化底蕴的意象进行处理时，为了更好地满足目的语读者的需求，可以采用创造性叛逆。此外，译者还应时刻谨记，如果滥用创造性叛逆，很有可能会导致"坏译""误译"或"错译"，这样对读者来说毫无益处。

综上所述，我们可以总结出以下结论：文化是文学翻译中十分重要的因素之一。翻译的质量和效果在很大程度上取决于译者对源语和目的语之间文化差异的处理。判断译者所采用的处理文化差异的方式是否合理和恰当、是否值得在文学翻译领域进行宣传和传播，主要是看译作能否生动、全面地将源语作品展现出来，能否被广大目的语读者所接受。

四、创造性叛逆的审美性与社会性

对于创造性叛逆的分类，有不同的标准。谢天振教授将创造性叛逆分为以下几种。

①按照译本生成与接受的不同阶段分为媒介者的创造性叛逆以及接受者与接受语境的创造性叛逆。

②按照创造性叛逆的生成方式分为有意识型与无意识型两种。

③按照创造性叛逆的具体表现，将媒介者的创造性叛逆分为个性化翻译、误译与漏译、节译与编译、转译与改编四种。

在此需要特别关注的是另外一组分类，即审美性创造性叛逆与社会性创造性叛逆。从审美的角度来看，由于渗入译者的创造性劳动，译作成为与原作不同的、具有独立的审美的艺术作品；从译入语语境中社会文化因素的影响与支配来看，译者在翻译中对原作进行改写，从而使译作在不同的语境中生成了新的意义。这两种创造性叛逆由不同的要素所导致，呈现出不同的样态。

（一）审美性创造性叛逆

文学作品是审美经验的表达方式之一，文学作品的翻译也可以被视作一种审美行为。翻译与美学联姻，形成了翻译美学，"翻译美学的研究对象是翻译中的审美客体（原文、译文），翻译中的审美主体（译者、读者），翻译中的审美活动，翻译中的审美判断、审美欣赏、审美标准以及翻译过程中富有创造性的审美再现等"。在这一定义中，"富有创造性的审美再现"提醒我们必须对审美的创造性叛逆加以关注。

在黑格尔看来，美是理念的感性显现。因此，"美的要素可分为两种：一种是内在的，即内容；另一种是外在的，即内容所借以体现出意蕴和特性的东西。"只有内在与外在统一，才能产生美。对于文学作品来说，语言文字是其外在表现形式，而这一外在形式在美的表达中意义重大。文学翻译改变了作为原作有机组成部分的外在形式，也就改变了作为审美对象的原作，构建了一个全新的审美客体。方梦之在《译学辞典》中对译者在审美转换中的角色进行了描述:"一方面他是原文的接受者,可以将自己对审美客体的审美构成的认识注入译文;但是另一方面,他又是阐释者,必须考虑到译文读者对译文可能产生的想象与感觉,以选择与原文审美构成相适应的审美再现手段,从而避免读者对译文可能引起的不是原文审美构成的联想。"

这一看似矛盾的表述说明了译者在审美体验中的两难处境。不过译者既然将自己的审美构成注入对于原文的解读当中,就不可能完全"避免读者对译文可能引起的不是原文审美构成的联想",也就决定了译作不会是原作百分之百的审美再现。

很多翻译家对翻译中的艺术再创造都深有体会。茅盾在1954年全国文学翻译工作会议上提出了要进行"艺术创造性的翻译",他认为:"这样的翻译既需要译者发挥工作上的创造性,又要完全忠实于原作的意图,好像一个演员必须以自己的生活和艺术修养来创造剧中人物形象,而创造出来的人物,又必须符合剧本作家原来的意图。"如果说茅盾还兼顾了原作的意图的话,郭沫若干脆指出:"翻译是一种创造性的工作,好的翻译等于创作,甚至还可能超过创作……译文同样应该是一件艺术品。"

不同的译者有不同的个人经验、知识结构、审美追求,在翻译中会形成自己的风格。固然有翻译家认为原作风格是可以传递的,但是名著的不断重译还是说明了不同译者对于原作风格的理解差异与再现差异,这些译本的不同风格正是原作风格的审美创造性叛逆。老舍曾讲过:"保持原著者的风格若做不到,起码译笔应有译者自己的风格,读起来有文学味道,令人欣喜。"许均在一篇文章中曾经分析了《约翰·克利斯朵夫》开篇第一句的三种不同译文。

江声浩荡,自屋后上升。(傅雷译)

江流滚滚,震动了房屋的后墙。(许渊冲译)

屋后江河咆哮,向上涌动。(韩沪麟译)

从审美角度看,作家黄蓓佳认为"傅雷的文字优雅、简练;许渊冲的文字生动、贴切,具有小说文字的张力;韩沪麟的文字处于两者之间。"不同的译文展示了不同的审美取向,而这样的审美取向对于原作来说是创造性叛逆,如其中傅译预示着英雄横空出世的"江声浩荡"四字,英语译文是:"From behind the house rises the murmuring of the river."中文甚至可以译为"河水潺潺"。傅译给予了中国读者一份强烈的心灵震撼,但是法国读者并没有这份独特的感受。

在各种文类中,诗歌中的美对于外在形式,如文字的音乐性、文字排列的形式等依赖更大,因而其翻译中的审美创造性叛逆也最为突出。余光中指出:

"可是翻译，我是指文学性质的，尤其是诗的翻译，不折不扣是一门艺术。真有灵感的译文，像投胎重生的灵魂一般，令人觉得是一种再创造。"谢天振曾经引用梁启超、马君武、苏曼殊、胡适等人以不同的诗体翻译拜伦的《哀希腊》，来说明译者的个性化翻译带来的创造性叛逆。诗歌对于外在形式的依赖，以及诗歌语言的多义性，给诗歌翻译带来了开阔的审美阐释空间。

译作中产生审美创造性叛逆的原因，除了译者自身的审美趣味介入之外，还在于不同的语言具有不同的审美特征。有学者提出了"语言个性说"的观点："什么叫语言个性？这即是每种语言都有它自己所独具的性格、习性、脾气、癖好、气质，都有它自己所独具的倾向、性能、潜力、可能性、局限性以及优势与不足等，也就是说有它自己的语言个性。"

不同的语言具有不同的个性，从而也具有不同的审美趣味，这使得译作拥有着与原作不同的审美个性。基于此，我们可以认为审美性创造性叛逆就是原审美客体（原作）在经过审美主体（译者、读者）的创造性解读与再现之后，改变了作品中美赖以存在的外在形式（语言），生成了可以带来新的审美享受的审美客体（译作）。

（二）社会性创造性叛逆

将审美性创造性叛逆与社会性创造性叛逆区分开来，并非不承认两者之间的交融与重叠。事实上，审美经验都是根植于一定的社会文化语境当中，但不可否认，基于艺术的再创造与受到社会文化因素的支配而对原文进行的改写还是有很大的差别。

社会性创造性叛逆可以进一步划分为具体文本转换中微观的创造性叛逆，以及在更大的翻译话语范围内宏观的创造性叛逆。最为直观的创造性叛逆存在于具体的翻译过程中译者对原文的改写。

在此类创造性叛逆的研究中，需要关注哪些内容被改写、增删、置换，这些改写的目的何在，在译入语语境中产生了什么样的意义等问题。进行这一方面的研究，最基本的工作是对比原文和译文，发现两者的差异。对比原文与译文并发现译作是否忠实于原作，在以忠实为主导的翻译研究范式中是主要的研究内容，这种研究方式遭到了一些学者的质疑。

王宏志曾指出以前无法对翻译研究产生较大兴趣的原因是"看了太多讨论翻译的文章。那些把原文和译文稍稍对照一下，说两句通顺，骂三句生硬的文章，没法说服我这叫学术研究。直到认真阅读了西方较新的翻译理论后，眼界大开，认识到翻译研究原应该跟文学、文化、社会、政治等挂钩，才终于认同翻译研究是大有可为的学术项目"。在这里，翻译研究与社会政治挂钩并不意味着可以抛开翻译文本来进行学术研究，判断社会文化因素对翻译的操纵需要通过原文和译文对比发现哪些地方被改写，改写的原因是什么。从社会文化的角度审视翻译不能忽视翻译中的语言转换。

申丹指出："文化差异往往通过语言来承载和体现，因此，翻译的文化研究依然可以关注语言的转换，只是需将注意力从语言形式本身转到语言的文化指称和文化意义上来。后者的转换往往更为复杂，更为困难。"对语言的重新关注并不意味着回到忠实观研究范式的老路，而是应该将语言对比与文化研究有机结合起来。

文化转向由源语为中心的研究范式转向了以译语为中心的研究范式，研究者关注的不再是如何表达对于原作的忠实，而是译入语语境与翻译之间的互动影响。但是在创造性叛逆中，对于源语语境同样不能忽视。我们需要考察译语文本在何种程度上背离了原文，文本在从一种语言和文化流传到另一种语言和文化中发生了哪些变异，而要想发现译文与原文之间的距离，了解原文及其所在的社会文化语境就是必不可少的。

了解源语文化不仅包括对于源语文本的解读，对于作者及其所在的社会、文化的了解，而且应该包括源语读者对于原作的接受情况。在总体文学的背景下，对两种文化有充分的了解，并关注两种文化、文学的对比、联系、拒斥与融合，可以发现很多在单语文化中发现不了的事物。

翻译文本不是翻译研究的全部，译入语语境中人们对异域文学的误读与改写也不仅仅存在于微观的文本转换中。一定的历史时期人们谈论翻译的总和可以被称作翻译话语，包括在译介中是以什么样的方式想象与构建另一种文化、文学的；在一个历史时期，哪些国家的哪些作家的作品以什么样的方式被译介；这些译介的作品是否反映了社会的总体想象；译介的作品是被什么样的读者以何种方式所接受的；翻译文本是如何流传的。对于这些问题的回答必须将翻译文本与更为宏大的社会语境结合起来。

创造性叛逆存在于整个翻译话语当中。受到整体意识形态、诗学等方面的影响，译入语语境会按照自身的文化传统、思维方式和自己所熟悉的一切去解读另一种文化，在总体上对他者误读，譬如对于异国文学总体的误读，以及对于文学流派与作家的误读。在研究中，宏观的创造性叛逆需要同具体文本中的创造性叛逆结合起来进行，宏观之中包含着微观，而微观的创造性叛逆会受到宏观创造性叛逆的指引。

第八章　多元文化视角下不同文体的翻译

英语作为一种国际通用语言，在政治、经济、贸易、文化等领域都得到了广泛的应用。目前，随着国家间的交流逐渐增多，文化、政治、经济等交流也更加密切频繁。本章主要介绍多元文化视角下对政策、法规的翻译，多元文化视角下对商标的翻译，多元文化视角下对影视的翻译以及多元文化视角下对商品说明书的翻译。

第一节　多元文化视角下对政策、法规的翻译

一、政策、法规翻译的特殊性

英语在当今世界属于一种国际通用语言，我国在与其他国家进行经济、政治交流时，会使用到具有我国经济、政治特色的英语进行表达。为了能够让世界各国全面地认识、了解中国的政治、经济、文化、历史、人文等，我国将具有中国特色的语言翻译成其他语言，这也是当代翻译工作者面临的一项巨大挑战。

但是翻译对于一些英语能力较差的人而言，是比较困难的，大多数人表示很难找到合适的英语单词去描述具有中国特色的事件。其实这对专业的翻译工作者而言也是一项严峻的任务，因为我国历史文化背景与其他英语国家的历史文化背景存在较大的差异，所以当遇到政策的翻译时，就需要翻译人员创造出既适合我国国情，又符合英语特点，并且能够使其他国家的人们理解的表达方式。

在翻译过程中需要注意许多细节的地方，要求翻译者了解我国的时政经济，因为在翻译工作中，会经常遇到我国经济、政治方面含有的一些特殊意义，如果翻译者翻译用词不当，会使我国经济、政治受到负面影响。

翻译者不仅能够维护国家的尊严和利益，而且还能促进各国之间的友好交往，所以为了避免出现翻译用词不当的错误，需要翻译者对国家的经济、政治制度都有一定的了解。

但是，在翻译时事政治用语时，要注意在翻译时避免使用不符合英文表达形式的英语，有的翻译者在翻译时会产生中国味道过浓的英语，也就是所谓的"中式英语"。还有就是翻译者一定要了解政治术语，杜绝政治歧义，避免在翻译时出现用词不当等错误，并且在翻译时不要随意增加或减少用词，也不能在遇到翻译难点时忽略不译。由此可见，翻译工作是一项具有挑战的工作。

二、法律语言的角色定位

（一）方言

即方言取决于说话人，而说话人又取决于其地域性，且各种方言在语音和词汇语法系统间存在差异但其在语义层面并无区别。从这个层面上讲，将法律语言视为一种方言并不恰当，因法律语言与其他语言变体在语音、语法系统上并无太大区别，而恰好是在语义层面存在差异。以诗歌 The notary（《公证人》）为例。法律人士和非法律人士读完该诗歌后会有不同的理解，因该诗歌中除了含有大量的法律专门术语外，还包括大量借域类术语，而这类借域类术语与普通语言在形式上并无太大的差异，但意义却与普通语言相去甚远，从而导致了非法律人士的理解迥异于法律人士的理解。

（二）多语或多言现象

在达内看来，多语或多言这种双言现象可用于对使用不同语言变体的两个社交群体进行分类，因社交群体会在不同的场合而选择使用某一种变体并排除另一种变体的使用。双言现象是弗格森于1959年提出的。

双言现象是指某种语言的两种不同变体处于同一语言社区，这两种变体有着不同的社会功能，在遇到特定的交际场合中会使用其中的一种。

在这两种不同的变体中，其中的一种变体被看作一种高层次的变体，往往有一个文学传统，享有较高的地位，且是通过学校来教授，它的标准化由字典和文法书的生产来确立，通常这种变体多用于书面用语和正式场合中，如教育部门、政府机关、宗教领域等；另一种变体则被视为低功能变体，这种变体一般会在口语场合中使用，用于非正式场合，如朋友之间的谈话或是家庭成员之间的谈话中。这种变体也用于身份地位高的人对身份地位低的人发布指示时使用。就这一点而言，达内的观点与查罗相同，拒绝将法律语言称为一种语域。例如，查罗指出"Legal language is not register, as only a small portion of the population controls it, and it is acquired only through a very special type of schooling."即之所以不能将法律语言称为"语域"是因为这种语言变体的使用者为数甚少，且须经特殊培训方能习得。

但是，在法律实践中，法律执业者并非说的是两种语言，而是根据说话语境和交际目的而变化语言形式的正式程度。例如，在私下讨论时，律师之间、律师与法官之间就是用日常语言进行交流，而在庭审中他们则使用正式表述，这种语码的转换就颇为明显，以至于引起有关当事人的不安，认为自己的律师与对方的律师如何亲密会对自己不利。但这种语码的转化并非是不同的语言，而是语言正式程度的变化，故而将法律语言视为双言现象的观点也难以服众。

（三）语域

在语言学里，语域（register）是一种为了特定目的或在某个社会语境下使用的语言变体。方言是说话人的一种习惯表述，取决于说话人，而语域则是说话人在特定时间所说的话，取决于说话人正在进行的社会行为以及该行为的特征。任何人，不论其社会或地域来源，都可成为律师，他们也并非习惯性地适用法律文体，而只是在特定场合才如此。此外，不同语域之间的词汇语法区别主要是源于语义上的区别。从这个角度而言，将法律语言视为"register"似乎更为妥当。目前，"法律语言是一种语域"这一说法更为人们所接受。

综上，尽管对于法律语言属于哪种语言变体，即对法律语言的定位，各国间及学者间还存在分歧。但是，法律语言学作为一门新兴的交叉学科，已日益受到语言学与法学界的重视。英国哲学家大卫·休谟的评述"法与法律制度是一种纯粹的语言形式"。

法的世界肇始于语言，法律是通过词语订立和公布的。法律行为与法律规定也都涉及言辞思考和公开的表述与辩论。法律语言的概论的运用，法律文本与事实相关的描述与诠释，立法者与司法者基于法律文书的相互沟通，法律语境的判断等等，都离不开语言的分析，以及德国法学家考夫曼以及法理学家麦考密克等人的断言"法学不过是一门法律语言学"，都证明了法律语言与法律两者之间是载体与内容的关系。法律语言是法律的载体，是法律文化的重要组成部分，它既是法律文化的产物，又是记录法律文化的工具和载体，其所体现的法律精神，亦即是统治阶级的意志和精神。

法律语言在法律词汇、句法结构、表达方式、语体风格等方面都凸现出自己作为一个独立的语域而具有的特征。这些形式特征是区分法律话语与其他语言变体的一个显著标志。因此,有必要对这些特征进行分析,为后面的翻译实践奠定基础。

就其学科运作的语言形态而言,法律语言可分为立法语言、学术法律语言、执法与司法语言;而从其物质终结形态而言,则可分为法律书面语言、法律口语、书面语转口语、口语转书面语等。立法语言是法律语言中一种最基本的使用形态,也是法律语言整体系统中最稳固的部分,从法律效力、语言规则、用语标准等各方面综合而言,处于一个核心位置。

梅林科夫曾对法律语言的形式特征做了详尽的阐释。其他学者如蒂尔斯马、吉本斯、查罗等,也从不同层面对法律语言的特征进行了批判性剖析。查罗就认为梅林科夫过分强调法律语言的词汇特征,并指责其将语义句法与社会语言学的分类混在一起,进而提出了法律语言的词汇——句法层面的特征。查罗的分类有其合理之处,但其将语篇特征排除在外,无疑是五十步笑一百步。

(四)反语言

"反语言"乃是由特殊的"反社会"(anti society)所使用的语言;而"反社会"指建立在某一社会当中、用来有意识地替代这一社会的社会。它是一种反抗的范式,这种反抗可表现为一种被动共生的形式,或表现为主动甚至毁灭性的形式。韩礼德就列举了几种典型的反社会,如伊丽莎白使流浪汉群体、现代加尔各答犯罪集团、波澜监狱囚犯群体等,都具有反社会属性,代表了主流文化之外的各种亚文化。

这些反语言的特征并不如其表面上看起来那么与主流语言泾渭分明,属于社会病理语言学的研究对象,能为社会符号学研究开创新的视角。这种语言可体现出从日常社会话语中折射出来的一种世界观,对内部成员而言使用这类语码有助于增加其内部的亲密程度(solidarity),同时亦可对外部人员保守秘密。在诸如格利佛这类非法律人士看来,法律人士在其话语中大量使用法律专门术语和借域类术语,这些法律行话无异于是一种"反语言",将普通认识排除在外。基于此,学者认为法律语言就是一种"反语言"。

从社会符号学的角度看来,反语言是一种被边缘化的话语(marginalized discourse),人类语言学家马林诺夫斯基就曾将其称为"intimate language",因该话语对于反社会成员的身份认同、群体认同等,以及社会等级关系的建立具有重要的作用,即韩礼德所谓的人际功能(interpersonal function)的体现。

反社会成员之所以使用这类话语,可用伦敦学派的创始人弗斯所说的"we speak to live"来解释,即说话是为了生存,因语言已为他们画地为牢,他们无法逃脱，除非能真正走进另一种语言文化中。但是法律语言与这种反语言存在显著差异，法律语言并未被边缘化，其使用者在法律机构语境外并不借助该语言形式而构建其身份或群体认同。故而将法律语言视为一种反语言亦不太合适。

第二节 多元文化视角下对商标的翻译

一、商标词的预期功能相似

商标词作为一类特殊的名词，主要用于推广和销售产品时使用。一个好的商标词，不仅能够突出产品自身的特点，而且还能够吸引消费者的眼球，并且能够给人留下深刻的印象，从而激发消费者的购买欲。一般认为商标词具有以下三大功能。

（一）区分功能

商标在我们现今的生活中随处可见，殊不知，追溯起来商标的起源可以从古代说起。在当时的年代，一些手工匠人在亲身制造艺术品或实用产品时会将自己的签字或独特的标记印在上面，以示自己的专属。时至今日，这些独特的标记则演变成了如今随处可见的注册商标。商标的最大作用便是利于我们分辨物品的好坏或者根据自己的习惯长期性选择的某种类型的商品，同时也给予了"商品们"最大的公平。人们可以根据自己的需求去选择需要哪种商标下的物品。追求高品质的顾客自然会选择价高优质的产品，而追求实惠的自然也可选择价廉的产品，商标正是给人们的自主选择权以最大的便利。

不同的国家对商标所采取的保护措施是不同的。在我国，随着法律的不断完善，针对商标这一企业形象也给予了法律保护。我国目前有注册商标和未注册商标之分。《商标法》中明确规定注册商标是受法律保护的，若有人私自盗用他人的商标，注册者拥有专属权，是可以告对方侵权的；而未注册商标是不受法律所保护的，就算别人也用这个，从法律意义上来讲是不被禁止的。不同的注册商标所标明的产品带给了消费者更多的选择，他们可以根据自己心中对不同品牌的评价来决定自己最终的选择，同时也为下次的购买提供了参考价值。这些品牌具有各种各样不同的商标，比如"Apple"苹果、"Huawei"华为、"Samsung"三星等。这些商标是消费者识别不同公司产品，购买喜爱产品的可靠依据。

（二）促销功能

怎样定义一个商标的好坏，如果站在消费者的角度定义，那么一个好的商标就是能够激发消费者的购买兴趣。具有优美动听、朗朗上口的语音的商标词能够激发消费者的审美情趣，具有吉利色彩词汇的商标词能够让消费者对品牌产生好感或共鸣。

例如，美国的一款牙膏的商标，它的商标名称为"Ultra Brite"（尤特白），其中利用了谐音 bright（闪亮的）以及使用了 ultra（超级的）词缀，这主要是为了突出该产品是一款能够使牙齿光洁亮白的产品，这个商标在市场上有非常好的反响；还有许多产品的商标都是含有吉利色彩的词汇，如"红双喜""金六福""乐百氏"等，这些商标主要是为了调动消费者的审美情趣，促进产品的销售。

（三）广告功能

商标是产品和服务差异的符号化表现。商标显然是一个符号工具，可以用之于广告。商标符号可以分为感知符号、阐释符号、情境符号。这三种符号分别有着各自的功能，商标的命名也是符号的感知、阐释、情境营造的过程。商标中的感知符号最初仅仅作为区别产品的生产者使用。

随着市场的发展，人们逐渐意识到感知符号不仅可以让消费者识别产品的生产者，还可以承载更多的产品信息和意义。这些产品信息和意义不是随心所欲的，而是遵从消费者的符号储备中的有利因素，以产生对品牌符号的有利解释，或者尽量调动消费者符号储备系统中更广泛的部分来引起消费者对品牌的丰富联想，使其产生深刻记忆。商标中的阐释符号是由生产者向消费者发出的诠释商标内涵、传递产品和服务核心价值的一系列信息。

阐释符号的功能不是作用于消费者的感官，而是企业在产品或服务核心价值基础上对消费者做出的一系列承诺，是作用于消费者内心，是消费者希望通过对产品或服务的尝试体验到的"意味"。商标中的"情境符号"创造一种立体氛围来与读者交流，塑造品牌个性，最终感动消费者。通过情境符号，商标拥有者营造一个属于企业和消费者共享的品牌个性，有利于在跨文化品牌传播中建立两者的有效沟通和理解。

商标所有人努力地以适当的符号所蕴含的吸引力来营造市场氛围，其目的主要是想通过商标这种形式，使依附于商标的商品能够吸引更多的消费者，一旦达成目的，商标所有人就获得了某些价值。

二、跨文化中的商标翻译原则

商标在跨文化翻译时，需要注意地区间的民族心理差异。民族心理是一种长期累积的心理特征，并非是一时就形成的。由于各个民族之间存在着种种差异，如生活环境不同、宗教信仰不同、政治经济等多方面差异，这也就导致了各民族心理特征的不同，从而产生了不同的价值观和消费心理。

所以在跨文化商标翻译时，一定要了解商品具体是在哪一个国家和地区销售，这主要是为了避免出现一些不必要的问题。我国的很多商标是以燕子命名的，因为燕子在我国象征着"春天""希望""生机"，但是在西方文化中，有一些地方并不认为燕子是一种积极的象征，他们认为如果一个人肩上或者手上落了一只燕子，就觉得这个人活不了多久。所以这也能看出地方文化的差异。

商标文化和商标翻译之间的关系，实际上就是文化差异的翻译的关系。目前在翻译界主要讨论的就是异化翻译和归化翻译的选用问题。异化翻译主要将译文的原文作者和来源语作为参考；而归化翻译主张译文以读者的角度进行翻译。这两种翻译既存在共性，又有着自己独特的个性。而在商标的翻译中，由于文化差异的影响会直接影响到这两种翻译的选用。

当对商标进行翻译时，是选择异化翻译还是选择归化翻译要视情况而定。当商标概念来源语与文化相一致时，商标原有的风味就要保留，这种情况就要选择异化翻译；如果商标概念与文化产生差异时，翻译者就要考虑到市场中的文化，将其翻译成与市场文化相一致的语言，这种情况就要选择归化翻译。在商标翻译中，要考虑到文化差异因素对译文的影响，从而在传达商标的意义时进行翻译。

三、商标翻译的方法

商标具有信息功能、美感功能和祈使功能。由于商标名称特殊的功能性，翻译起来也有一定的复杂性。它的翻译要以翻译理论为指导。商标的翻译主要有以下几种方法。

（一）音译法

联合国秘书处于1979年6月15日发出下列通知。

①联合国秘书处于1979年6月15日起决定，中华人民共和国的人名和地名不再使用各种拉丁字母文字转写，而是采用汉语拼音的新拼法作为拼写标准。从这一天起，秘书处发出的各种文件都需要使用汉语拼音书写中国名称。

②在当时还没有习惯汉语拼音作为地名写法时，还可以在文件中把旧的写

法标注在括号内，如：Huanghe River（Yellow River），Huanghe River 是汉语拼音的新写法，原来的旧写法是 Yellow River；Beijing（Peking），Beijing 是汉语拼音的新写法，Peking 是旧写法；Xiamen（Amoy）、Zhujiang River（Pearl River）等。

国际标准化组织于1982年8月1日，发布了《信息与文献中文罗马字母拼写法》。该文件第二条内容中写道：于1958年2月11日起，中华人民共和国全国人民代表大会正式通过汉语拼音方案，将汉语拼音用来拼写中文。撰写者要按照中文普通话的读法来记录其读音。

另外，美国内务部地名局宣布对《汉语拼音方案》的通行，对中国地名采用拼音的新写法；英国皇家地理学会也采用拼音的写法写中国的地名；国际电信联盟从1980年1月1日起，对我国电信局名称采用汉语读音；美国国会图书馆于1988年决定开始改用拼音，期间准备了很长时间，花费了大量资金，把馆藏70万部中文图书的编目全部改成拼音。

此方法一般适用于专有名词（Proper Nouns）的翻译。专有名词是指具体的地方、机构、个人等名词。比如：辽宁 Liaoning；上海 Shanghai；香港 Hong Kong；Abraham Lincoln 亚伯拉罕·林肯；William Shakespeare 威廉·莎士比亚；Bill Gates 比尔·盖茨；Italy 意大利；Singapore 新加坡；California 加利福尼亚；Washington 华盛顿；Paris 巴黎；Buckingham Palace 白金汉宫；Rhine 莱茵河等。

一些缩写语的专有名词，只要形式较短，容易上口，往往也采用音译法，如：AIDS（Acquired Immune Deficiency Syndrome）艾滋病，获得性免疫缺损综合征；APEC（Asian Pacific Economic Cooperation Forum）亚太经济合作论坛（组织）；IELTS（International English Language Testing System）雅思（国际英语语言测试系统）；OPEC（Organization of Petroleum Exporting Countries）欧佩克（石油输出国组织）；TOEFL（Testing of English as a Foreign Language）托福（英语作为一门外国语的考试），诸如此类的词语已经被大家所接受。

商标的名称也多用音译法来翻译，如：Adidas（阿迪达斯）；Canon（佳能）；Casio（卡西欧）；Coca-Cola（可口可乐）；Colgate（高露洁）；Ericsson（爱立信）；Kodak（柯达）；Mcdonald's（麦当劳）；Motorola（摩托罗拉）；茅台（Moutai）；Nike（耐克）；Philips（飞利浦）；Ricoh（理光）；Safeguard（舒肤佳）；Siemens（西门子）；Sony（索尼）；Sprite（雪碧）等。这些英语单词本身就是杜撰的英文单词，强调语音的表现，而无任何意义。

音译法有自身独特的优点，就是能够保留原有商标词的味道，能够体现出商品的正宗特色。例如，我国羽绒服品牌"鸭鸭"，该品牌直接音译为"YaYa"，而没有用"Duck"作为直译,主要是因为鸭子这种动物给人的感觉是呆笨的,所以译为"YaYa"读上去更朗朗上口并且能让更多消费者记住,还能帮助产品打开销路。又例如,Rolls-Royce 劳斯莱斯(轿车)和 Rolex 劳力士(手表)。

由于商标对产品的宣传起着重要作用,所以在英译商标名时,如果汉语拼音能够用英文朗读上口,或者接近某个英文单词的读音,可以直接采取拼音直接翻译。例如,海尔汉语拼音 Haier 接近英文 higher 的读音,所以音译就取得了很好的效果。音译法简单易行,既可以保留原文的音韵美,又可以表明商品的异国情调,吸引消费者。但是汉语商标如果直译显得冗长时,就不如用音译。比如,"黄鹤楼"如果译为"Yellow Crane Tower",就显得啰唆,不如译为"Huanghe Lou"。

浏览近来的中国电视广告,不难发现一些中国的知名品牌的商标开始注重商标音韵在品牌传播中的意义,在使用以往汉字商标名称的同时加进了拼音标识,像美加净(Maxam)、回力牌运动鞋(Warrior)、春兰(Chunlan)、长虹(Changhong)、海尔(Haier)。

(二)直译法

有些商标不能采取音译的方法,主要是由于如果对商标采取音译的方法翻译会影响消费者对商品的认知,或是使消费者产生负面的联想,这就会导致品牌形象受到影响,当遇到这类问题时,可以采取直译法进行翻译。直译法是找到与商标词的含义相近或相同的词进行翻译。这种翻译方法适合翻译以普通词命名的商品。

一般来说,如果商标原本意思就能够给消费者带来美好的感觉,并且有利于产品形象的发展,这类型的商标就能够直接采取直译的翻译方法。尤其是在汉语商标词翻译时,应该大量运用直译的翻译方法,因为中文商标在命名时,往往已经为产品选择了一种吉祥或美好的词来定义产品的功能。如:葡萄酒品牌"王朝"的英文商标是"Dynasty",该词具有一定的年代感,使消费者能够直接了解到该品牌葡萄酒是陈年好酒;"永久"牌自行车的英文商标是"Forever","Forever"一词代表"永久",该品牌用"Forever"也是为了表达该品牌的广告内涵"经久耐用,相伴永久";纸巾品牌"清风"的英文商标为"Breeze",这个单词能够让消费者感受到使用该品牌纸巾会有一种清风拂面的触感;还有如骆驼香烟"Camel"、皇冠轿车"Crown"、猴王茶"Monkey King"、熊猫"Panda"、小天鹅"Little Swan"等中国知名商标,采用的都是中英文意义的对译方式。

但是当汉语商标的文化内涵与英语对应词的文化内涵发生冲突时直译法就

会欠妥，达不到产品宣传的初衷。比如国产"孔雀"彩电，其出口商标直译为"Peacock"，尽管孔雀在汉语文化中是象征"美丽，青春"的吉祥动物，但在西方文化中并非如此。在英语中有 play the peacock（炫耀自己），as proud as peacock（非常骄傲）等表达，这类习语中的 peacock 都不具褒义。

直译法保留了原名，传达原名的信息及感情，并与商标图标在意蕴上达到和谐统一。如食品商标的英译如"光明"牛奶直译为"Bright"，"雀巢"直译成"Nestlé"，基本传达了原文贴近产品的功能的意义，可以说最能反映商标词的意思，但是直译法相对来说没有音译法用得多。

（三）音义双关法

在翻译商品时如果无法用音译法达到理想的翻译效果，还可以采用音译结合的翻译方法进行翻译。这种翻译方法主要是一部分采用音译、一部分采用直译，属于补偿式翻译方法。这种翻译方法的叫法有很多种，如"音义双关法""音意结合""谐音取义"，这些叫法主要是指在原有的读音上加一个普通的名词含义，或是取原文的一部分读音加上原文意思的一部分，音的取法与音译法相似。这种方法比直接音译或意译更具有难度，翻译时在读音方面也要读着朗朗上口，要符合其文化内涵。

在意义方面，翻译时要根据商品的实际意义出发，能够体现出产品的特点，让消费者产生美好的遐想，要使其与目的地文化融合，给人带去美好的记忆。这种翻译法可以把与原文相近的谐音变成有意义的译名，用译语的恰当信息来补偿翻译过程中的语义损失，激发读者的有益联想，收到理想的翻译效果。如 Goldlion（领带）若译成"金狮"，会让人联想到其同音词"金失"。为了避免人们会产生这种同音联想，一般在翻译时采用前半部分意译，后半部分音译，所以将其翻译成"金利来"。服装品牌"雅戈尔"的英文商标名为"Younger"，这是 young 的比较级，能够让人觉得穿上该品牌的服装会有一种年轻的感觉。Tide（洗衣粉）译作"汰渍"（前半部分音译，后半部分意译）；Ikea（家具）译作"宜家"（前半部分音译，后半部分意译）等。

我国电器品牌西泠是以生产空调为主的大企业，西泠品牌的英文商标名为"Serene"。"Serene"是后更名而来的，原商标名为"XILING"，原商标名是汉语拼音的形式，对于消费者而言，没有什么实际意义。该品牌中的"西"指的是产品的产地，即西子湖畔的杭州，其中的"泠"是有清凉的含义，该品牌的命名十分贴近我国汉语文化。而"Serene"在英文中有"恬静"的意思，该单词也十分贴近"西泠"的读音，体现出该厂家强调的电器宁静无噪声，有利于产品打入国际市场。

"Starbucks"翻译成"星巴克",意译与音译结合,精灵古怪。看来只要能吸引眼球,强化记忆,令人"感觉"对头,意义、意味、意境的诠释倒是一件相对简单的"差事"。一些国内知名商标,像乐百氏 Robust、乐凯 Lucky、方正 Founder、联想 Legend/Lenovo、海信 Hisense、衣恋 E-land 等索性就是中英文的音同意别。

这些商标词无论是英文商标词的汉译还是中文商标词的英译,发音基本做到了与原来的商标词相似,而且都是用了普通词,这些普通词汇基本能反映出产品的功能或特点,或给人以美的联想。

四、汉英商标名称构成特点的差异

(一)英语商标多使用人名而汉语中较少

汉语中采用人名作为商标词较少。英文中用人名来作商标词的特别多。有些来源于发明人的姓氏、名字或者是组合和变体,有些则是神话、童话或者小说里的人物或神灵的名字,更有一些是纪念名人明星等而用他们的名字命名。例如,著名的星巴克咖啡店的命名来源于赫尔曼·梅尔维尔的小说《大白鲸》,书中有一个爱喝咖啡的人物叫 Starbuck。还有"Disney"(迪士尼)、"Cartier"(卡地亚)、"McDonald's"(麦当劳)、JOHNSON'S(强生)、POND'S(旁氏)等采用了人名所有格形式,"HP"(惠普)采用了人名的缩略形式。

中文里人名作为商标不如英文的多,如张裕、周大福、王老吉。但近年来有增长的趋势,如王致和(豆腐乳)、李氏(饼屋)、李宁(运动服)等以人名命名,还有一些强调企业或者创始人的,如王记、李锦记等。

(二)英语商标多用专有名词和新造词而汉语多用普通名词

汉语中用普通名词命名的商标较为普遍,主要是由名词、数词、动词、形容词等构成的,或是以数字、动物名称、植物名称而命名的。鉴于商标法的规定,普通词汇商标词采用间接、暗示的方法来实现广告作用,选用这些普通词汇作为商标词通常比较贴近产品或服务的性能,或表达一种吉祥的祝福,激发消费者的购买欲。因此汉语使用普通词的商标词比比皆是。

中国人特别讲究品牌的联想意义。比如,使用动植物的商标词有:"海鸥"(相机)、"凤凰"(自行车)、"金丝猴"(奶糖)、"大白兔"(奶糖)、"红豆"(服饰)、"杉杉"(西服)等。汉语中普通形容词的商标如"顶固"(门锁)、"奇瑞"(汽车)、"吉利"(汽车)、"妙洁"(保鲜膜)等,使用数字的商标词如"六必居"（腌制食品）、"五羊"（自行车）、"五粮液"（酒）等。使用普通词的商标真是到处可见，这些商标词也反映了中国汉字的魅力。

在英语商标名称中，由普通名词构成的名称是非常少的。在欧美国家的品牌商标名称中，只有少数名牌商标的名称是由普通名词组成的，如苹果"Apple"、塔吉特"Target"、百胜"YUM"等。其余大部分的商标名称都是由地名、人名或是缩略词、合成词等新造词组成的。

（三）英语商标多使用臆造词汇而汉语中较少

商标词大部分是人为创造的。商标词是要根据商标的性能、特点，结合各种各样的构词方法、市场环境、消费者心理等因素，并且要按照品牌或企业的意图，或是以产品使用的特点以现有的词汇变体而来，或是以全新的形式创造出从来没有过的新词，把它们当成商标。这类商标词是英文商标词中使用最为广泛的一种，占了当今英文商标词的绝大部分。它们的构成是各有特点的，有的是利用现代英语词汇学上的构词理据，如拼缀、缩略、组合、词缀、变异拼写等来构成的。

1. 拼缀法

英语词汇构成方式的丰富多彩使得英语成为一种生动活泼又富有表现力的语言。随着社会生活变化和科学技术的发展，臆造的商标词应运而生了。

拼缀法是以原有的单词进行重新剪裁，取该词的首部、尾部或是中部，以别的单词组成一个新的单词。如果原词汇略显普通没有创意，用拼缀法杜撰出来的商标比较具有自己的特色，同时从商标本身可以大概看出产品的种类。拼缀法是臆造单词最常用的方法。如 Duracell 电池是由 durable 和 cell 拼缀而成的，Standex 是由 standard 和 excellence 拼缀而成的，Quink 墨水是由 quick 和 ink 拼缀而成的。拼缀法并不是任意拼在一起，也要遵循一定的原则，要达到读音方便、拼写简洁、意义完整。

2. 缩略法

英语是拼音文字，其基本结构单位是字母，大体上每个字母代表语言中的一个语音单位。当商标中的单词含有很多字母和音节时，就无法使商标名称达到简洁易记的效果，因此，英语中存在许多缩略词组成的商标名称。缩略法是现代英语中的一种主要构词方法，因为它造词简练，使用方便。在英语发展的过程中还常有缩略法构词代替了原来的词或词组。

3. 词缀法

词缀法也是一个有生命力和有效的构词方法，采用具有描述性的前缀、后缀，从不同角度去说明商品的性质、特点和功能等。

① Accu- 来自 accurate，表示产品的精美、准确，尤其用于技术产品中，如 Accu-Aire（仪表）、Accuphase（金嗓子音响）、Accutane（药品）、Accu-Star（测量仪）、Accutro（手表）等。

② Maxi- 来自 maximum，用于表示"大"的概念，如 MaxiBar（万能解码机）、Maxi-Care（化妆品）等。

③ Multi- 来自 multiple，用来表示"多""多样的"，形容产品的种类繁多、功能齐全，如 Multitech（计算机）、Multicon（摄影机）等。

④ Super- 用来表示"超级""最好"的意思，如 Superfos（化肥）、Super Shooter（照相机）、Superstar（音响）等。

⑤ Vita 源自 vitamin，有些食品商标词以此为后缀或者前缀，表明商品是有营养价值的，如 NesVita（奶粉）、Vitamaster（食品）、VitaLite（草本食品）等。

⑥ -tech 表示"technology"，暗示该产品是科技产品，也以"-tec"或"-tek"形式出现，如 Maxtek（录音机）、Protec（抽水泵）、Saitek（充电器）等。

4. 组合法

组合法就是将两个以上的词不加变化地按一定的词序排列成新词。英语中用这种方法增加了大量的词汇。商标词有时用来说明某个商品的一两个特点、性能就会用两个以上的名词、动词、形容词来组合而成。这样可以很好地说明商品的性质，具有较强的描绘性。如 Beautyrest（床上用品）、Diehard（电池）、Lucky Strike（香烟）、Ultra Sense（丝袜）、Taster's Choice（咖啡）等。

5. 变异拼写

为了独特性，也为了商标法规定的不直接采用描绘性词汇，很多商标词在采用直接描绘词时会进行一番变异拼写。如有些英文商标词实际上是把有关产品范畴、性能、特点的词倒过来拼写来保证注册商标的独特新颖性，同时从商标中又能反映出产品特点。像 Klim（克利姆奶油食品）实际上就是 milk 的倒写，Reeb（力波啤酒）就是 beer（啤酒）的倒拼。这样就把产品名称同其真正的属性或品类一致起来，有助于区分产品种类，传达产品信息。

也有商标词在命名时，故意拼错某一富于美好意义的单词，其实就是取单词的谐音，从而使人联想到该单词的美好意义，而且注册时可以不费周折。比如 Quik（洗涤剂）就是故意拼错 quick 一词，两者的发音又是一模一样的，消费者读到这一商标词时就会联想到洗涤剂的快速去污效果。还有，Lite（一种淡啤酒）故意拼错了 light 一词，使人联想到该啤酒"味淡""让人感觉轻松"等特点。实际上这是一种有意识的错误拼写法。

第三节　多元文化视角下对影视的翻译

一、文化差异对影视翻译的影响

由于全球化发展，大众文化的发展趋势也愈加明朗，并且在全球化的影响下大众文化得到了广泛传播。也正是因为跨文化交流日益增强，翻译活动成为各国直接沟通的桥梁。影视作品成为各国之间交流的一种新兴媒介，在跨文化交流中起到了非常重要的作用。

现如今，影视作品的翻译是翻译界中最为活跃的一种翻译，并且也是跨文化交流中最重要的翻译活动之一。影视翻译是一种新型翻译，发展时间不长，但是影视翻译由于在语言的性格化、口语化与文化因素等方面的制约，能够体现出与其他翻译不同的特点。

电影在影视作品中是最受欢迎、影响最大的一种形式，电影翻译是跨文化交流中所占比例最大的。在影视翻译中有很多种翻译形式，但是字幕翻译在影视翻译中是主要形式，由于字幕翻译既能保留了源语言的特色，还具有翻译周期短、制作效率高等特点，因此也受到了许多影视观众的喜爱，这也是影视翻译在翻译市场中地位不断提升的原因。

近几年我们能够发现影视业的发展蒸蒸日上，但是影视翻译与影视业的发展相比却落后了很多，影视翻译在翻译界并没有受到更多关注。影视翻译在西方国家起步较早，并且发展至今相对成熟。而我国发展影视翻译工作起步较晚，发展时间相对较短，并没有形成自己的理论体系，所以没有对我国影视翻译工作做出实质性的指导。

随着全球化步伐的不断加快，国家之间的交流愈发频繁，跨文化交流也愈发重要。而影视作品是能够了解异国文化的重要途径之一，并且随着全球化的影响，影视业也得到了一个很好的发展空间。电影字幕翻译就是在这样的背景下产生的，并且影视翻译也得到了翻译界的重视。

字幕翻译是根据影视翻译来的，字幕翻译作为翻译界的一个新兴领域，是电影观众能够在短时间内接受并且快速认可的翻译形式，这主要是因为电影观众能够在短时间内获得大量信息，同时还能了解到异国文化。

电影字幕翻译的兴起也离不开国际文化的频繁交流，电影字幕翻译的出现也是跨文化研究的必然结果。语言如果脱离文化是不能够孤立存在的，影视翻译也是如此，影视翻译是文学翻译的重要部分。影视翻译看似简单轻松，许多人认为影视翻译只不过是文字语言的转化，其实并非如此，影视翻译是跨文化交流的重要过程。在翻译影视作品时，需要把源语言用恰当的翻译语言传递给目标观众。因此在影视翻译过程中，要处理好源语言国家文化。

影视作品翻译并不是语言之间的简单转换，在很大程度上都会受到译入语文化的制约，所以要想成为一名优秀的影视作品翻译者，就要认真研究电影字幕的翻译，并且在翻译的过程中要处理好源语文化与目的语文化之间存在的关系。影视作品翻译者是跨文化交流的重要媒介，承担着重要的任务。一名优秀的影视作品翻译者在翻译影视作品时要做到减少文化差异、传达有效的文化。

每一部影视作品都是一个国家历史文化和社会文化的反应，在翻译影视作品时必须考虑到观众的感受，要以观众为中心，要考虑到大部分人的接受程度、理解能力、文化水平等。这就意味着在翻译影视作品时不能像翻译文学作品一样，文学作品翻译强调要忠实原文作者，很少会考虑读者的反应，这也在一定程度上体现了影视作品翻译的灵活性。

从语言上看，影视作品的语言必须是能够说出来的语言，必须是能够用口语表达的，而并非仅限于书面。虽说某些小说的语言看起来很美，但是读起来却未必上口，甚至于会造成同音异义的误会，这在书面语言中是体现不出来的。

因此，影视作品的语言的翻译还要注意语言的读音与意义的协调。要使用口语化的语言，而不是文韵十足的书面语言；要用使观众身临其境，仿佛事情真的发生一样的语言，而非生硬死板的语言。

大部分影视作品在翻译时会使用普通话，但是在翻译影视作品的对象却不仅限于一个国家或一个地区，如果在翻译时使用方言，对那些不属于该地区的观众而言，他们就会很难理解或很难欣赏到这部影视作品。因此在翻译影视作品时尽量避免或尽量不使用方言。

影视作品翻译与文学作品翻译相比，具有以下几个特点。

（一）对不同层次接受者的影响

对于那些经常阅读文学作品的人来说，他们具有较高的文化水平，并且感情比较丰富，这主要是因为文学作品中会存在一些西式的句子，这些爱好阅读文学作品的人他们并不会觉得理解困难，而影视作品和文学作品在这一点上就有很大的不同。

改革开放以后，我国引进了大量的英文影片，并且影视作品的种类也更加丰富了，如喜剧片、警匪片、科幻片等，因此影视作品也有了不同文化层次的观众。对于影视作品的翻译而言，影视作品的观众并不像文学作品的读者那样有较高的阅读能力，但是影视作品的观众的文化层次更加广泛，这也就意味着影视作品的译文要更通俗易懂。

如果影视作品的翻译是大部分观众不能接受的，那么不管这部作品有多好也是没用的，因为观众不"买账"就会影响到票房或是收视率，当然这也会影响到我们了解其他国家的生活方式、审美情趣、价值观念等。

由于国家、民族、地区的不同，词语的组成也不太一致，在翻译过程中有时用直译法并不能够表达清楚他们的意思，如果在翻译文学作品时出现这种情况，可以用注释的方法解决这个问题；而在翻译影视作品时出现这种问题，就要用比较贴近源语言的汉语去代替。当然这就需要翻译工作者多下一番功夫。译文要符合中国观众的文化习惯，才能够取得好的翻译效果。

（二）对口型及字数的制约

影视作品的翻译会受到屏幕画面的限制，因为翻译影视作品主要是为配音提供蓝本，并且翻译时要保证在生动感人的前提下，要与剧中人物口型相一致，并且译文和源语言字数长短相一致，停顿、节奏要与剧中人物的语气相一致。但是不同语言之间的表达也会存在差异，即使是同义词，发音在口型上的差距就会成为很大的难点。

在翻译影视作品时，往往会碰到演员的语速过快，原本完整的句子就要变得精短，这样才能配合演员的口型。而有的演员在某些片段会有夸张的表演，这时就要把很短的句子翻译得长一些，这主要是为了和口型配合。在翻译影视作品时，如果台词过长或过短都会给翻译带来一定的困难，如果翻译出现错误就会破坏人物性格的塑造或情感的表达。在翻译影视作品时，演员停顿的地方，译文也要有停顿。否则，观众就不能体会到原片中人物的特点。

例如：Didn't he tell you？

①如果翻译成"难道他没有跟你说过吗？"就会翻译的过长。

②如果翻译成"他没告诉你吗？"，就是非常适合的。

Memories are wonderful...and the good ones...stick to you like glue.

可以翻译成"回忆是美好的……（而）好的回忆……将伴你终身"。

另外，在翻译影视作品时，遇到演员在发某些音时嘴巴张得非常大，在翻译时也要选择采用开口音，反之演员的台词是闭口音，也要在翻译时采用闭口音。

在影视作品的翻译中，一般翻译的文字会出现文字的下方，所以还会受到字幕的限制，一般一行字幕会在屏幕上停留2—3秒钟，观众在短短的几秒钟内既要欣赏演员的演技，又要看字幕领会其内容，因此在翻译时要对原文的信息、情感做适当的调整，调整到与画面协调一致。

所以，在区分文化作品翻译和影视作品翻译时有一个最为突出的标志——"口型化"。在翻译文学作品时，译文多字或是少字读者都不会特别在意，因为翻译质量并不会因此受到影响。但是影视作品的翻译，对口型和字数都有着严格的要求，不可以像文学作品翻译那样自由发挥。因此，这是影视作品翻译必须要遵循的原则。

二、影视作品的口语化特点

翻译文学作品时，比如翻译小说，一般在翻译时所用的语言都是比较正式的。虽然小说中会出现很多对话等口语化的东西，但是翻译文学作品要比翻译影视作品更加规范和正式。

电影属于一门综合艺术，在电影中最为重要的就是语言，因为在电影中绝大部分是对白，所以在翻译影视作品时必须要遵循口语化的特点。影视语言源于生活，所以影视语言更加自然生动，非常像日常生活中的对话，而且还会用到许多俗语、俚语以及语气词。电影语言不仅要在文字上做到通顺，更要贴近生活，并且能够让观众听懂。

由于人们接受译文的途径是不同的，有的人是通过"看"电影，有的人是通过"读"小说，因此就会产生不同的要求。同样一句译文，但是用眼睛去看和用耳朵听时，产生的效果是不一样的，所以在影视翻译中口语化是非常重要的。

例如，电影《保镖》中瑞秋（Rachel）与她的保镖弗兰克（Frank）在初次见面时，有这样一组对话。

Rachel：Hello.（你好。）

Frank：Hi.（你好。）

Rachel：Well，you don't look like a bodyguard.（你看起来并不像保镖。）

Frank：Who'd you expect？（你觉得保镖应该是什么样的？）

Rachel：Well，I don't know，maybe a tough guy.（嗯，我也不知道。或许应该很强壮吧。）

Frank：This is my disguise.（这样可以掩饰我的身份。）

两人在初次见面打招呼时用到的"Hi"及"Hello"都译为"你好"，这两个单词都是比较生活化的问候方式。在翻译"Who'd you expect？"时，如果翻译成"你期待的是什么样的人？"观众理解起来是会非常困难的，并且这样翻译不够口语化，是不符合中国人的口语习惯的。所以把这句话翻译成"你觉得保镖应该是什么样的？"这样能够和上文连贯起来做到前后呼应。"This is my disguise."如果把这句话翻译成"我能够用它来做掩饰"是非常生硬的，所以把这句话翻译成"这样可以掩饰我的身份"，显示出了弗兰克的幽默风趣，能够把弗兰克的幽默特点体现得淋漓尽致，并且这样翻译更具有生活气息。

除此之外，也由于观众所处阶层的不同，要求将对白转换为准确的普通话口语，并根据剧情、潜在观众的认知能力，用适当的语言来传达原片信息和人物感情。

按照文体学的说法，语体一般分为口头语体和书面语体两大类。口头语体包括演讲体、讨论体和谈话体等，如日常谈话、会谈、公共演讲、报告、辩论、讲课、讲故事等，而书面语体包括书信、报刊文体、法律文件、公文等。我们讨论的影视剧语言是否都是口头语体，这个问题比较复杂，影视剧语言既有口头语体，也有书面语体。书面语体的产生是由于有的时候，影视剧中会展示一封书信、一则报刊报道，或者有一段以书面语体为底稿的介绍电影背景的画外音解说，或者是一大段带稿演讲。不过，一般来说，影视剧台词语言以人物对白为主。对白，又称对话，是指影视剧中人物之间进行交流的语言，是影视中使用最多、也最为重要的语言内容。对白自然就是以口头语体为主的，而且又以谈话体为主。

这里先举一个中文例子，在一部中国电影《手机》中，有一段主人公严守一在开会时接听情人电话的精彩对白，那就是典型的口头语言，那一连串单音节语气助词，言简意深，充满喜剧效果和艺术张力。

女：你开会呢吧？

男：对。

女：说话不方便吧。那我说你听。

男：行。

女：我想你了。

男：噢。

女：你想我了吗？

男：嗯。

女：你亲我一下。

男：啧。

影视剧属于大众传播,语言必须满足大众的口吻,而谈话体的特征符合视听的要求。如果我们用口头语体中谈话体来概括英语影视剧对白语言的特点,就可以从语音、词汇、句子、语篇层面找到一些共性的东西,作为对英语影视剧对白语言特征的基本认识。从语音上看,英语对白的一个明显语言特点就是缩写词的出现,比如 didn't、he'd,还有弱读,比如 cos（because）；从词汇上讲,英语对白多使用简单词汇、短语动词、词汇变体形式、习语、俗语、俚语、谚语等非正式词汇,还有大量的填补词和模糊词等；从句法结构上讲,英语对白多使用简单句、松散句、不完整句子、重复语句以及附加疑问句等；从语篇上看,影视剧对白具有简洁精练的特征,谈话场景变换多,大段对白少,话语组织简洁明快,突出信息中心。

三、影视剧对白翻译的基本原则

语言的特征决定翻译的策略和方法。影视剧的语言特色主要是台词口语化和生活化、性格化和形象化、文学化和哲理化以及声画配合的特点,基于此,笔者得出如下影视剧翻译的基本原则。

（一）口语会话原则

文学作品包括小说、诗歌、散文等,这些文学作品有着明显的难易之分,并且对读者有着不同的文字能力要求。影视作品与文学作品相比对观众的要求是相反的,因为影视艺术是一种大众化的艺术,绝大多数电影和电视剧是普通大众就能够欣赏的。因此,影视剧语言必须要让观众一听就懂,不需要故弄玄虚。

文学作品是以文字的形式出现在纸上的,如果读者一遍没有读懂,可以回头去重新看。影视作品中的语言是转瞬即逝的,是即时性的,因此要求观众一遍就能够听懂。如果是在电影院或是电视直播中,即使观众没有听懂,也只能放弃了。如果是在网络中能够自己控制进度就能够倒回去再看一遍,不过这样做就太乏味了。

因此,在翻译影视作品时,译文必须要含义明确,语言流畅通顺。另外文学作品大多数是通过眼睛阅读的,而影视作品的语言是要靠耳朵去聆听的。在翻译影视作品中会出现一些令翻译者头疼的问题,如 he、she、it 三个词,翻译成中文分别是"他、她、它"。虽然这三个字发音相同,但是代表的意思是不同的,这三个字对于文学作品的读者而言并不是难理解的问题。但是对于影视作品的观众来说,如果只是翻译成"他、她、它",大家常常会觉得疑惑,所以为了不让大家有这种困惑,就需要影视翻译的译者灵活地做一些弥补工作,比如把其中一个人物的名字或身份译出来。

（二）人物性格化原则

影视作品在塑造人物性格特征上和文学作品是一样的。文学作品翻译时往往会抓住人物的性格特点，而影视作品翻译时会注重人物的语言性格特征。无论是文学作品翻译还是影视作品翻译，抓住人物性格特点是为了在翻译时能够使人物生动传神。翻译者在掌握人物特点以后，在翻译时能够准确做到"对号入座"，只有这样才能在翻译中达到观众闻其声便知其人的艺术境界。

四、影视字幕翻译简述

字幕与配音是影视作品翻译的两大主流方式，但是近年来，选择字幕的观众越来越多。互联网上及时更新的外国影片基本上都是外文原音配中文字幕。邵毅在《潮起潮落潮不息：上海电影翻译发展研究》一文中对电影译制由盛转弱的原因归结为以下几点。

①成本：在欧洲配音译制要比字幕译制昂贵。

②是否拥有相关技术。

③观众的文字水平。在美国和法国，知识分子观众喜欢字幕甚于配音。20世纪八九十年代后，中国观众的文字水平持续提高，认读电影字幕没有问题。

④对外国语言的兴趣。

⑤文化开放的程度。

⑥本国电影业的力量。

（一）字幕的定义

字幕通常以文字呈现影片中的对话或旁白，或是协助观众了解对话以及其他信息，包括声音类的背景音乐说明、电话铃声，以及影片音轨中的其他声音；非声音类的如影片中出现的字、词、路牌等语言类的信息。字幕最早是为了让原本无法了解音轨内容的观众了解影片内容，使更多的观众能够欣赏影片，为听障人士以及不了解影片源语的人士提供便利。

按照语言划分，字幕主要有语内字幕、语际字幕、双语字幕三种。李运兴在《字幕翻译的策略》一文中对语际字幕做出以下定义，即"保留影视原声的情况下将源语译为目的语又叠印在屏幕下方的文字"。译制字幕通常出现在屏幕下方，以一行或两行的形式，与演员对白以及其他信息同步出现。译制字幕有以下几个特征。

①译制字幕与影片的对白语言不同，所以译制字幕的目的性很明确，主要

是向非影片语言的观众传达影片对白及其他语言类可表达的信息。

②译制字幕中大部分信息是影片对白，但也有一些影片中零对白的信息，如路名、地名、歌曲名称等，可以通过字幕向目的语观众传达，并使观众有效地理解并获取影片信息。

③译制字幕只存在于影像类的媒体产品中，包括院线、视频电视、光盘以及 DVD 等可以涵括文字信息的媒体产品。

④字幕的阅读顺序主要有两种：由左及右或由右及左，前者如汉语，后者如阿拉伯语或希伯来语。日语电视节目中，字幕多为纵向出现，阅读顺序由上及下。

⑤字幕多出现在屏幕下方，正如字幕英语名称 subtitle 中"sub-"这一前缀所表达的意思一样，意为"在下方"。也有一些国家的电视节目在传达重要信息的时候，采取在荧屏正上方打出字幕的方式（surtitle，如歌剧唱词字幕），但译制字幕均在下方呈现。

⑥字幕的出现一般比对白时间有一些提前量，也有一些是即时字幕。这种设置是为了方便观众的阅读反应时间差，不会对影片及节目的欣赏造成不必要的时间耽搁。

（二）字幕的分类

默片时代出现的字幕卡是当代字幕的祖先，在当时影片的深色背景下（多为黑色），用浅颜色打上一些短句，在镜头转换间打在屏幕上。字幕卡当时的作用就是表达片中角色的一些对话或与影像有关的一些信息。

随着艺术形式的进步与发展，唱词字幕出现在了歌剧舞台之上。surtitle 在美国也叫 supertitle，一些学者称其为 supratitle。surtitle 现已为加拿大歌剧公司开发并注册成为商标。它最早是在 1983 年一部名为《埃莱克特拉》的歌剧中出现的。时至今日，字幕广泛出现在影视作品中。《影视翻译：字幕》一书对当代字幕进行了划分。

1. 按言语类分类

①语内字幕。包括：SDH 听障人士字幕、语言学习准用字幕、卡拉 OK 字幕、语内方言字幕、影片内公示与通知。

②语际字幕。包括：普通观众、SDH 听障人士字幕。

③双语字幕。

2.按制作事件分类

①预先制作。包括：完整字幕、剪切板字幕。

②即时制作。包括：人工制作、机器录制翻译。

3.按技术指标分类

①开放式字幕。这一方式是预先将字幕烧制在影片中，在影片的观看过程中无法去除或关闭。

②封闭式字幕。封闭式字幕则与开放式字幕相反，字幕与影片本身是分离的，观者可以按自己的需要选择是否需要字幕出现在影片中，而且此类字幕大多需要一些字幕的解码器才可以观看，如常见的 DVD 中的字幕。

4.按字幕放映方式

①机械式及热能投映。

②光化学投映。

③光学字幕。

④激光投影字幕。

⑤电子字幕。

这一分类过程也正是字幕发展的简短进程。前面几种由于使用的年限很短，在字幕中并不占有重要的地位，目前字幕的放映方式主要以后面两种为主。

5.按字幕发行方式

①院线发行。

②电视台发行。

③家庭录像系统发行。

④DVD 发行。

⑤互联网发行。

最后这一类型的字幕已经日趋占据字幕翻译中的主要份额，借助发达的互联网，影迷制作字幕的数量与质量都令人吃惊。最早的影迷制作字幕出现在 20 世纪 80 年代，当时日本漫画在欧美国家受到很多年轻人的喜爱，为了可以及时欣赏到喜爱的漫画，漫画迷们开始自主制作一些字幕文件挂在漫画的视频文件上同步欣赏。现在这种字幕的制作已经扩展到几乎所有影视作品中，也日渐成为主流观影人群较为优先的选择。

（三）字幕翻译的策略

字幕翻译的策略其实就是缩减，包括浓缩、重述和删减。字幕必须要在有限的时间内、有限的屏幕空间里显示出影视对白的意思，如果不采取缩减的策略，是很难办到的。即使是语内字幕，有时也要缩减，更何况语际字幕，其文本缩减率在1/3左右。特别是汉译英字幕翻译，缩减率更高。1个汉字算2个字符，1个英语单词则包括较多字符，我们大致估算一下，也能预测到汉英字幕翻译时需要缩减很多。

根据经验，以下内容基本可以缩减。

①语气词，如"我说""嗯"等不必译成 well 和 you know，直接译出后面的意思就可以了。

②由于对白速度快，画面上的字幕来不及显示且语义重复或关联性不强的内容可以缩减。

③冗长拗口的对白要压缩调整。

④省略观众较难理解的文化词、典故等。

⑤尽量少用标点符号，只用半角的问号、感叹号、省略号，少用逗号，停用半角的空格，两人对话如出现在同一字幕应该用"—"标记分开。

第四节　多元文化视角下对商品说明书的翻译

一、商品说明说书概述

商品说明书是使用简单、易懂、朴素的语言向用户通俗地介绍商品的性能、用途、使用方式、保养方式、注意事项等知识的文书材料。反映到英语中，就是"Instruction""Direction"和"Description"。

商品说明书提供了商品的相关信息与使用方法，经常与商品同时出现。说明书不仅仅可以提供产品的相关信息，还是企业形象的代表，可以促进产品的销售。

商品说明书的相关描述是建立在事实的基础之上，介绍产品的使用方法、工作原理、结构、安装步骤、操作方法、维护方式等，也就是说商品说明书的内容具有解释、说明的作用。

（一）商品说明书的分类

1. 手册式说明书

这种说明书会向用户提供几页到十几页不等的商品说明书的文字材料，这些文字材料还会被翻译成相应的文字。在说明书中会附带图片，可以更好地了解商品的相关材料，手册式说明书一般常见于家电产品。

2. 标签式说明书

标签式说明书是指依附在产品包装或者是直接附在产品上的标签。例如，我们常见的成衣上的标签，这种说明书相对简单，通俗易懂。

3. 插页式说明书

在日常生活中，一部分产品的包装盒或者是包装袋中会附带一张纸，纸上有产品的相关信息，这就是插页式说明书。插页式说明书在药品中相对常见，药盒中有的说明书会提供药品的相关信息。

4. 印在包装上的说明书

很多产品的说明是直接印刷在包装上的，例如，食品与饮料的文字说明。印在包装上的说明书更加直观，会有产品的名称、成分、商标、保质日期等信息。

（二）商品说明书的结构

产品说明书一般由标题（包括副标题）和正文两大部分组成。内容丰富、复杂的说明书可印制成小册子和书，因此与书一样有封面、目录、前言、正文和封底等。正文部分是说明书的主要部分，不同产品包括内容也不相同。一般来说，不可或缺的部分有产品的性状描述、产品的适用范围、使用方法以及注意事项等。

1. 标题

标题用来写明产品名称、生产厂家、品牌、注册商标、产品类型和产品代号。一般由产品名称加上"说明书"构成。有些说明书的内容是侧重于介绍使用方法的，称为使用说明书。一般来说，说明书的标题不及广告的标题来得重要，但也不能忽视其作用，说明书的标题往往起到了引导的作用。商品说明书常见的标题有三种。

①直接以文种作标题。
②以商品名称作标题。
③以商品名称加文种作标题。

2. 正文

正文是商品说明书的主体部分，由于每一种商品的作用不同，所需要说明的内容也不同，自然说明的侧重点也会有所区别，有的重点阐述结构，有的重点论述功能。家用电器的说明书与食品的说明书也会有所不同。但是，总体而言，商品说明书的主要内容包括以下几个方面。

①产品的概况。
②产品的性能、规格、用途。
③安装和使用方法。
④保养和维修方法。
⑤附件、备件及其他需要说明的内容。

正文的写法没有固定的要求，根据产品的具体情况而定，常见的写法有说明文式、解释式、对话式、概述式、图文结合式等。

3. 落款

由于商品的性质不同，因此说明书的落款也并不相同，有些商品并不需要落款。一般来说，落款要写清楚产品的制造厂家的详细信息，如名称、地址、联系方式等。

（三）商品说明书的意义

商品说明书的意义一般来讲有以下四点。

1. 指导

解释说明是商品说明书的基本作用。随着经济的发展，人民生活水平不断提高，工农业飞速发展，文化娱乐活动也日益繁荣，人们在生活生产中会遇到各种各样的新式的产品和生活消费品。科技的发展，更是使这些商品包含了很强的科技成分，所以为了使人民群众能更好地使用这些商品，各生产厂家均会准备一份通俗易懂的商品说明书，详细地阐明商品使用的每一个环节和注意事项，给用户以切实的指导和帮助。

2. 宣传

商品说明书不仅仅可以对相关产品加以说明，而且可以提升企业形象，推广企业的相关产品。一份好的商品说明书，可以起到一举多得的功效。如果在产品说明书对相关产品进行介绍，可以让消费者更多地了解企业的产品，促进产品的销售，增进消费者对企业的信心。

产品说明书作为一种特殊的应用文本，既有信息文本的特征，又有号召型文本的特征。一方面，它作为信息文本，向用户介绍产品信息；另一方面，作为号召型文本，它是一种具有很高的商业价值的实用型文本，其目的是起到广告宣传的作用，激发购买欲，使消费者最终产生购买行为，从而促进销售。

此外，在说明书中对产品生产情形包括历史、设备装备等的说明，对企业形象的塑造也起到一定作用。有的消费者非某一企业产品不买，在很大程度上是因为该企业的形象和信誉使他情有独钟。由此可见，商品说明书不仅仅是对一个产品的说明，也不限于对产品本身的说明，它和该生产企业的宣传策略是同步进行的。

3. 凭证

商品说明书还有一个重要的功能那就是商家对商品质量的承诺，承诺自己在出现故障的情况之下应该承担的责任。这种承诺是商家取得消费者的信任的重要前提，一旦出现产品质量纠纷的时候，说明书就是一个重要凭证。

商家与消费者可以在说明书中明确自己的责任与义务的划分界限，说明书的正文设计是商家完成的，很多时候在出现质量问题的情况下，消费者会直接与商家取得联系。在设计商品说明书的过程中一定要考虑到消费者的承受能力，使用的语言一定要尽量简单、通俗易懂、尊重事实，否则后续解决问题的时候会很麻烦。

4. 交流

商品说明书有信息交流的作用。商品说明书能传播知识和技术，如介绍商品的工作原理、主要的技术参数、零件的组成等。商品说明书还可以作为技术人员操作产品的理论依据。说明书要实事求是，有一说一、有二说二，不可为达到某种目的而夸大商品的作用和性能。说明书要全面地说明商品，不仅介绍其优点，同时还要清楚地说明应注意的事项和可能出现的问题。说明书可根据情况需要，使用图片、图表等多样的形式，以期达到最好的信息交流的效果。

总的说来，作为一种实用文体，商品说明书有其特殊性。商品说明书的文本语言，在向消费者交流有关商品信息的同时，还具有其他的商业作用。这些作用是潜在而又持久的，商品说明书在明确传达商品信息的同时，更要求语言简练精美，以消费者为中心，投消费者之所好，提供消费者之所需，以打动他们的心弦，促成其购买行为。

说明书的翻译质量直接影响着说明书作用的实现。高质量的说明书译文能直接触及其潜在顾客的心理，使顾客获得准确信息，增加其对该产品的兴趣，并进而使其受到译文的吸引和感染，购买和使用该产品或企业的其他产品。这也是一份好的说明书译文应达到的最终目的。

二、商品说明书的翻译

商品说明书按类型可以分为化妆品说明书、药品说明书、家用电器说明书、机械产品说明书等。不同类型的说明书既有说明书的共性，也有各自不同的结构和文体特点。在翻译时，应该有针对性地采取相应的翻译策略。以下将介绍常见的三类商品说明书的翻译策略。

（一）药品说明书

药品说明书的英文表达方式有多种，例如，"Directions""Instructions"，现在经常使用"Package Insert"，或者是"Insert"。

英文药品说明书属于科技英语的一个演变形式，属于专门用途英语的范围。药品说明书的语言结构简单，具有特定的语言特征，基本上体现在词汇的使用以及句子的语法中。大部分的英文药品说明书包括内容如下所示。

①药品名称（Drug Names）
②适应证（Indications）
③用量与用法（Dosage and Administration）
④不良反应（Adverse Reactions）
⑤注意事项（Precautions）
⑥性状（Description）
⑦贮存（Storage）
⑧禁忌证（Contraindications）
⑨其他项目（Others）

1. 词汇特点

由于药品与其他商品相比具有特殊性，在翻译的过程中会出现大量的长词与生僻词。尤其是对非医学专业的人来讲，打开英文药品说明书都是一些冗长的生僻词汇，这些词汇绝大部分是来自希腊文或者是拉丁文。

拉丁文与希腊文沿用至今是因为独特的词汇特征，绝大多数的词汇意思简单，不会产生歧义。因为药品具有特殊性，在书写药品说明书中不产生歧义可以确保药品正确使用。

从文体上说，长词、生僻词会给人一种正式化的印象，尤其是使用药品的人来说，这种词汇可以增加安全感，这也是药品说明书必须要实现的功能。

对词汇的翻译关键在于对英文药品说明书中药品名称的翻译。英文中药品的名称并无统一规定，音译是翻译英语药名的主要方法。然而在具体的情况下可采用一些比较灵活的翻译对策，如意译、音意合译等。药品名称的翻译必须明确、简单、科学，一般不用代号、简称，同时应避免使用易产生误解、易混淆的名称。

在药品说明书中经常使用缩略词是比较常见的。例如，我们常见的国际计量单位的缩写，如：mg（milligram）（毫克），ml（milliliter）（毫升），kg（kilogram）（千克）。首字母的缩写，如：HIV（Human Immunodeficiency Virus），B.P.（British Pharmacopoeia）。

英文药品中的缩写词在译成中文时要写出其全称，以免产生误解或表述不清的情况。

缩略词的使用可以让英文说明书更加简短、简洁，但部分缩略词很容易造成误解。例如，CS 在词典中有 37 种解释：Channel Status，Check Surface，Chip Select，Clear and Subtract，等等。Spl 可以是 special（特殊，特别）的缩写，同时也是 simple（简单，单纯）的缩写。由此可见，缩略词虽在形式上简洁明了，但很多情况下是影响着人们理解的难点与重点。正确理解和翻译缩略词，应根据语境进行判断分析，勤查字典，必要时应当咨询专业人士。

名词化结构"可以使表达比较简洁，造句比较灵活，行文比较自然，也便于表达较为复杂的思想内容"。药品说明书在客观地介绍和说明过程中大量使用名词和名词化结构。

2. 句法特点

①时态上以一般现在时态和现在完成时态为主。药品说明书所提供的信息必须是客观真实的，这样就要求使用一般现在时态，英文药品说明书上使用的主要时态一个是一般现在时，另一个就是现在完成时。如果提到过去发生的事情，没有特殊情况不会使用一般现在时，而是使用现在完成时。

众所周知，英语语法有十六种时态，但是，其中只有两种时态，那就是一般现在时和一般将来时经常用于产品说明书中。一般现在时表示一种不受时间限制的、永恒的总体陈述和客观事实，这不是随着时间推移而人为改变的。因此，运用祈使句可以客观地陈述产品的事实，扼要介绍科学基本原理，准确地说明使用产品的步骤。于是，产品说明书具有可说服性，可以避免尽可能多的误解。运用一般将来时是表示使用产品后应注意可能出现的结果和现象。总而言之，这两种时态的整体运用旨在于确保产品说明书的客观性。

②大量使用被动语态。英文药品说明书大多使用被动语态，在翻译时常常根据原句的内容以及汉语的语言习惯来进行语态转换，同时在句子的顺序上也应充分考虑汉语的表达习惯。再如，药品的用法与用量部分常出现被动结构。产品说明书经常运用被动语态以达到其客观性与劝说性的目的。被动语态根本没有显示出讲话者或作者，如生产商等，只是客观地陈述产品信息与事实。产

品说明书所强调的是产品与顾客如何使用产品，更甚于提供信息和建议。被动语态有别于主动语态的是其客观性。因此，运用被动语态可以消除主观因素，给顾客留下更诚信的印象。

③句式上大量使用祈使句和条件句。祈使句简单明了，能突出主要信息，能体现"指示、叮嘱、告诫"的语义功能，因而，在英文药品说明书中祈使句常常用于"禁忌证""注意事项""警告""妊娠与哺乳"等条目中。大量使用祈使句是商品说明书的鲜明特点。

在句法层面上广泛地运用祈使句是产品说明书语法的一个明显特征。产品说明书具有实用广告的风格，祈使句没有强调生产商或讲话者，而是突出信息的主要部分。

由于在祈使句中陈述的动作执行者应该是产品所涉及的读者或顾客，绝大多数祈使句的主语可以省略，更重要的是，通过避免提及所说明的对象而达到委婉礼貌。几乎在所有的产品说明书中都有祈使句。

④大量使用条件状语从句。药品说明书具有一定的特殊性，要对药品的使用规则做出限定性的说明，因此要经常使用条件状语从句。英文药品说明书与其他的文本不同的是，条件句经常使用虚拟语气来表达假定的情景与状况。

⑤模板句的使用。为了让顾客清晰地了解产品的功能，产品说明书通常运用类似的句型。这些典型的句型像"主语（产品名称）＋谓语（通常用被动语态，有时用情态动词）＋目的"。

（二）化妆品说明书

化妆品作为一种日常消费产品，受到广大消费者的喜爱。人们对美丽容颜的渴望，也是各种化妆品得以畅销的动力。在购买化妆品的时候，说明书质量的好坏，有时候可以直接决定消费者的购买欲望。

1. 文体特征

如前所述，说明书在文体上属于信息诱导型。化妆品说明书在文体上还具有一定的特殊性。化妆品说明书属于感染性语篇，既传达信息又是广告宣传，用艺术性的语言激发起人们选择和购买产品的欲望，以感染消费者购买产品为最终目的。因此，说明书的中文译文应简洁明了，突出产品的"卖点"。高质量的化妆品说明书译文在一定程度上要能反映该产品的品质，能带来美好的联想和启迪，直接触及顾客的消费心理，引起其对该产品的兴趣。

2. 翻译原则

化妆品说明书的语言本身就兼具艺术性与商业性，再加上不同民族文化之间的差异，翻译与原文之间肯定会存在一定的差异，想要彻底消除这种壁垒也是比较困难的。保障译文具有与原文同等的表现力与感染力，在翻译的过程中就不能只限于满足字面意思的翻译。不仅要力求翻译的准确性，还要翻译出美感，兼顾化妆品的消费者群体。翻译的原则主要做到以下三个方面的对等。

（1）语义对等

语义对等是翻译中的基本要求，从最基本的词汇对等一直到全文的翻译之中。在翻译中一定要确定原来的词汇、词组、句子的基本含义，然后再确定深层含义，最终实现语义对等。

化妆品的说明书最重要的就是向消费者传递化妆品的相关信息，指导消费者如何使用，在翻译的过程中确保翻译的真实性与客观性也是重要的原则之一，过分地夸大使用的功效，甚至是虚假宣传，都违背了语义对等的原则。

说明书翻译最常用的方法是直译，例如，商标名称中的直译，再比如 Asian plant extracts（亚洲植物精华），clarifying agent（净化成分）。在翻译的过程中，既要保证原文的内容，还要保持原文的形式。在化妆品的翻译中，既要考虑它的基本形式，还要考虑在特定语境中的深层含义，避免出现误会。例如，Flirt 这个品牌。Flirt 的本义是"调情、卖弄风情"，若用原义作为品牌名称则很不恰当，译为"挑逗"则既符合语义对等，又对消费者产生一定的诱惑力。

（2）功能对等

化妆品说明书的译文功能与原文的功能应该保持基本相同，也就是保持信息功能、美学功能与祈使功能的对等。

信息功能（Informative Function）：在翻译的过程中应该准确地将说明书中的信息表达出来，将化妆品的使用方法、主要成分、注意事项等准确地介绍出来。

美感功能（Aesthetic Function）：对于化妆品说明书的翻译来说，忠于原文的信息表达自身就是一种美感的体现。在语言表达形式上，英语的句式结构完整严密，注重逻辑性，用词简单，追求自然流畅。出于对化妆品说明书的考虑，一般不会过分追求辞藻华丽，只要真实、客观即可。在翻译特定商品说明书时，还要考虑到消费者，最终实现吸引消费者购买的目的，翻译的过程中也要适度考虑美学的应用原则。译文不仅仅要忠于原文，还要具有一定的美感。

汉语表达注重用词准确、含蓄委婉、对偶工整，追求诗情画意的美感，这是中国人的审美追求。

英汉两种不同的审美意识反映到语言之中，在句式结构、文体修辞、篇章布局中各有讲究，美学的标准与风格也是各有千秋。因此对于化妆品说明书的翻译，译者应注意译文的音韵美、节奏美、形象美，让读者从译文的文字描述中获得美的享受，产生愉悦的感觉并想象出和感受到商品的美好，从而实现化妆品说明书宣传促销的目的。

祈使功能（Vocative Function）：译文应再现原文的祈使功能，使消费者做出原文所期待的反应，从而成功地移植原文的信息功能、美感功能，使译语文化中的受众能受到译文的感召和吸引，最终采取消费行动。

（3）情感对等

①消费层次及群体差异。化妆品市场不仅仅针对女性市场，还有其他的群体，消费层次也分为高、中、低三个档次。在翻译的过程中，根据消费者的层次与群体的差异，使用的翻译策略也各不相同，翻译尽量与化妆品的市场地位以及消费者的喜好与类型相吻合。

②消费者审美心理。翻译是一种审美活动，商品说明书的翻译也不例外。化妆品说明书的翻译更应该注重将内容美与形式美结合起来，激发消费者的购买欲望，译者更应该充分地了解不同国家与民族的文化背景与消费理念，在翻译的过程切记不能违背民族信仰与地方风俗，这样的翻译才会使更多的人接受。

综上所述，化妆品说明书的翻译，想要真正地实现对等是一种不太可能的现象，只能实现相对意义上的对等。翻译要尊重原文，还要实现与原文相对应的目的，让目的语读者可以获取准确的信息，产生购买的欲望，购买并使用该产品。

（三）家用电器说明书

家用电器说明书是对家用电器进行全面的介绍，根据家电的特点，对家电的使用方法、安装步骤、操作要领、注意事项、保养方法等几个部分进行介绍。家用电器说明书的翻译应该尊重事实，实现内容与形式的统一。在翻译的过程中应该注重以下三个方面。

1. 注意文体特点

家用电器说明书的文体特点既具有一般性，又具有特殊性。家用电器说明书属于科技文章的范畴，具有一般的科技文章的特点。家用电器说明书又是说明书的一种，也具有说明书的语言特点。家电说明书涉及家用电器领域的相关内容，具有独特性。

（1）无人称句的频繁使用

在家电说明书中，无人称句的使用频率相对较高。使用无人称句，可以让消费者感受到这份说明书就是为自己量身打造的，有一种专属感与亲切感，在无形之中拉近了消费者与生产商的距离。

（2）逻辑清晰

家电类说明书一定要逻辑清晰，否则安装步骤与操作要领就会显得毫无逻辑，甚至出现错误导致无法使用。每一个步骤与下一个步骤之间都存在关联性，顺序的连接也很重要，因此逻辑清晰、表达准确才可以帮助消费者，否则就会出现理解上的困难，英文的家用电器说明书的逻辑清晰，主要得益于大量使用时间状语从句、条件状语从句，来表示前后之间的关联性。

（3）多用图示演示操作

用图示演示操作比使用语言更加直观，理解起来也更加容易。作为说明书的重要特点之一，很多家用电器的说明书都十分重视图示设计，图示的使用也简化了翻译工作。

2. 准确传递信息

家电说明书不仅要提供给消费者在使用时参考，还要提供给专业技术人员使用，因而有科技性强、操作性强的特点。说明书的翻译要求译者具备一定的专业知识，家电说明书的翻译尤其如此。比如在 DVD 机说明书的翻译中，译者至少要知道遥控器（Remote Control）、视频信号线（Video Cord）、音频信号线（Audio Cord）、转换插头（Conversion Plug）、数码声显（Digital Indicator）、轨声显（Track Indicator）等术语。另外，随着整个科技世界的迅猛发展，新科技术语不断涌现。某些科技术语可能是最专业化的汉英或英汉词典都未收录的。在翻译过程中，首先应该特别注意正确使用术语，另外要注意勤查词典，必须弄清其基本词义，然后按其所属学科领域进一步确定其专业性译语，以最终达到语言表达地道的目的。

3 采用翻译策略

翻译策略是译者根据其对给定的文本翻译意向所采用的相关翻译行为计划。翻译产品说明书的目的在于将外国产品介绍给我们中国人或将中国产品介绍给外国人。主要的翻译方法有以下几种，下面进行简单的介绍。

①增词译法。在翻译的过程中添加必要的词汇，这些词汇是在原文中没有出现的单词或者是词组，这样的翻译方式可以使目的语读者加强对原文理解。

②省略译法。与增词译法是相对概念，虽然有一部分词汇与词组是构成原

文意义的必不可少的成分,但是在翻译的过程中却没有保留的必要,可以省略。

③对等译法。对等译法经常出现在药品说明书中,英文与汉语这两种语言在药品说明书中对等的概率很高,译者可以在翻译中找到某个特定的单词或者是词组作为原文的对等表示。

④转性译法。在不改变原文词性的基础之上进行适当的调整与改变,使翻译之后的句子更加通顺,使读者理解起来更加容易。除了上述的四种翻译技巧之外,还有正反译法、换序译法等。

参考文献

[1] 王庆. 词汇学论纲 [M]. 北京：中国经济出版社，2013.

[2] 邓林，李娜，于艳英. 现代英语语言学的多维视角研究 [M]. 北京：地质出版社，2017.

[3] 白靖宇. 文化与翻译（修订版）[M]. 北京：中国社会科学出版社，2010.

[4] 兰萍. 英汉文化互译教程 [M]. 北京：中国人民大学出版社，2010.

[5] 谢天振. 隐身与现身：从传统译论到现代译论 [M]. 北京：北京大学出版社，2013.

[6] 黄岩. 文化对比下的英汉翻译研究 [M]. 北京：中国水利水电出版社，2017.

[7] 周志培，陈运香. 文化学与翻译 [M]. 上海：华东理工大学出版社，2013.

[8] 张威，董娜. 英汉互译策略对比与应用 [M]. 北京：北京语言大学出版社，2011.

[9] 李清源，魏晓红. 中美文化与交际 [M]. 上海：复旦大学出版社，2012.

[10] 张维友. 英汉语词汇对比研究 [M]. 上海：上海外语教育出版社，2010.

[11] 牛道生. 英语的全球化及其对世界的影响 [M]. 北京：北京大学出版社，2013.

[12] 何远秀. 英汉常用修辞格对比研究 [M]. 成都：西南交通大学出版社，2011.

[13] 宋雷，张绍全. 英汉对比法律语言学：法律英语翻译进阶 [M]. 北京：北京大学出版社，2010.

[14] 张全. 全球化语境下的跨文化翻译研究 [M]. 昆明：云南大学出版社，2010.

[15] 白雅，岳夕茜. 语言与语言学研究 [M]. 昆明：云南大学出版社，2010.

[16] 张修海. 影音翻译的策略与方法 [M]. 北京：中国电影出版社，2015.

[17] 杨和平，麻争旗. 当代中国译制 [M]. 北京：中国传媒大学出版社，2010.

[18] 李建军. 文化翻译论 [M]. 上海：复旦大学出版社，2010.

[19] 罗国青. 零翻译研究 [M]. 上海：上海交通大学出版社，2011.

[20] 武锐. 翻译理论探索 [M]. 南京：东南大学出版社，2010.

[21] 汪洪梅. 基于主位理论的英汉翻译研究 [J]. 海外英语，2017（24）：209-210.

[22] 武彬彬. 从英汉文化差异看大学英语翻译教学 [J]. 英语广场，2018（03）：86-87.

[23] 王怡. 英语静态表达优势 [J]. 重庆理工大学学报（社会科学），2013，27（02）：72-76.

[24] 林琼链. 文化差异视角下英汉翻译策略研究 [J]. 课程教育研究，2018（11）：115.

[25] 丁迎. 英汉翻译中不对等性的思考 [J]. 英语广场，2018（03）：54-55.

[26] 雷隽博. 英汉互译中的文化因素及翻译策略 [J]. 佳木斯职业学院学报，2018（08）：371.

[27] 刘梦婕. 英汉翻译中语义重心的分析与处理 [J]. 兰州文理学院学报（社会科学版），2018，34（04）：102-108.

[28] 张晶晶. 从跨文化视角论英汉习语的翻译 [J]. 沈阳建筑大学学报（社会科学版），2018，20（03）：309-313.